27859

PRINCIPES

ET

EXERCICES ÉLÉMENTAIRES

DE

COMPOSITION FRANÇAISE

COMPRENANT

1° Des Préceptes pour chaque genre
2° Des Modèles de composition littéraire
3° De nombreux Exercices d'imitation

A l'usage des Élèves.

PAR TH^{re} LEPETIT,

PROFESSEUR A PARIS.

Bien écrire, c'est bien penser,
bien sentir et bien rendre.

(BUFFON.)

PARIS

LAROUSSE ET BOYER, LIBRAIRES-ÉDITEURS,
49, RUE SAINT-ANDRÉ-DES-ARTS, 49.

1860

Imprimé par Charles Noblet, rue Soufflot, 18.

PRÉFACE.

Un jour de l'été dernier, j'étais allé rendre visite à une dame qui dirige à Paris un important établissement d'instruction publique. Cette dame, que je m'honore d'avoir eue pour élève, me demanda si je voulais visiter ses classes.

— « Volontiers, » lui dis-je.

Nous sortîmes du parloir. Nous fûmes bientôt dans la classe des plus jeunes élèves. Une trentaine de charmantes petites filles, aux joues vermeilles, à l'air riant, traçaient comme en se jouant de longues lettres avec leurs petits doigts, — c'était la leçon d'écriture, — et imitaient de leur mieux un *modèle* placé devant elles.

La deuxième classe eut ensuite notre visite. Les élèves faisaient une carte de géographie, — c'était un concours, — et toutes, les yeux fixés sur leur atlas, cherchaient à donner à leur ouvrage la précision de leur *modèle*. Et par un regard discrètement jeté, je pus me convaincre que le succès couronnait souvent les efforts de ces intelligentes jeunes filles.

Dans la troisième classe on dessinait. Un *modèle* était suspendu devant chaque élève qui, toute joyeuse, essayait de le reproduire.

Les élèves de la quatrième classe brodaient ou faisaient de la tapisserie, et je pus remarquer que la plupart imitaient avec une régularité digne d'éloges les gracieux dessins, c'est-à-dire les *modèles* exposés devant elles.

Nous visitâmes ensuite la cinquième classe. Un silence profond y régnait. Les élèves, plongées dans une sorte de méditation laborieuse, paraissaient fatiguées et mécontentes de l'exercice auquel elles se livraient. Cet air soucieux, ces fronts rembrunis contrastaient singulièrement avec toutes ces figures épanouies que j'avais vues dans les autres classes. Me tournant vers la directrice de l'établissement, je lui en fis l'observation.

— « Ne m'en parlez pas, me répondit-elle ; j'en suis désolée :

ees demoiselles font en ce moment un devoir de style, et, —
je ne sais à quoi cela tient, — elles ont toujours une peine in-
croyable à développer le sujet qu'on leur donne. Elles ne man-
quent cependant pas d'intelligence, elles ont d'ailleurs un
excellent professeur. Avec tout cela, elles ne réussissent pas...
Y comprenez-vous quelque chose?

— Peut-être, madame; mais permettez-moi une observation: dans toutes les classes que j'ai visitées, j'ai vu un modèle devant chaque élève; eh bien! pourquoi ne donnez-vous
pas aussi un *modèle* de style à ces jeunes filles, toutes les
fois qu'elles doivent faire une petite composition littéraire?

— Votre observation, monsieur, est fort juste; mais ces *Modèles de style* suivis d'*Exercices d'imitation*, où les trouver?
Il n'existe pas, que je sache, d'ouvrage de ce genre; et je suis
la première à le regretter. Mais, j'y pense, pourquoi ne nous
en faites-vous pas un, vous qui avez une si longue expérience
en cette matière?

— Votre désir seul est un ordre pour moi, madame; et je
m'estimerai trop heureux si je peux vous être utile.

— Nous attendons avec impatience votre ouvrage. »

Je quittai cette aimable dame, et je me mis à l'œuvre.

A quelques mois de là se trouvait composé l'ouvrage que
nous publions aujourd'hui, et que nous offrons avec quelque
confiance à toutes les personnes qui s'occupent d'enseigne-
ment.

Paris, Mai 1860.

Th^{re} LEPETIT.

Avis des Éditeurs. Le traité de *Composition littéraire* se compose de 44 Modèles et de 62 Exercices d'imitation, qui tous ont été
empruntés aux cours de style du même auteur. On trouvera donc le
développement des Exercices d'imitation dans les ouvrages suivants :

1° Cours gradué de style, 1re année. . . . . 1 fr. 50 c.
2° Cours gradué de style, 2e année 1   50
3° Premiers exercices de style épistolaire. 1   10

PRÉLIMINAIRES.

DE LA COMPOSITION LITTÉRAIRE.

La *Composition littéraire* est l'art de rassembler plusieurs idées sur un même sujet.

Or, quel que soit le sujet que l'on traite (*description, narration, discours* ou *lettre*), il faut d'abord l'étudier avec attention pour en découvrir les parties principales et les parties secondaires; disposer ensuite ces parties dans un ordre naturel et judicieux; enfin, savoir les exprimer dans un style qui leur convienne. De là, trois parties dans toute composition littéraire : l'*invention*, la *disposition*, et l'*élocution*. Cette dernière partie comprend le *style*, qui n'est autre chose que la forme extérieure dont nous revêtons nos pensées.

QUESTIONNAIRE.

1. Qu'est-ce que la *composition littéraire*, en général ?
2. Combien de parties dans toute composition littéraire ?
3. Qu'est-ce que l'*invention* ?
4. Qu'est-ce que la *disposition* ?
5. Qu'est-ce que l'*élocution* ?
6. Qu'est-ce que le *style* ?

CHAPITRE PREMIER.

DESCRIPTION.

PRÉCEPTES DU GENRE.

La *Description* est la peinture d'un objet quelconque par les traits qui le caractérisent.

Pour bien écrire, il faut étudier avec soin les différents points de vue sous lesquels peut se présenter cet objet, choisir les plus favorables, et omettre les détails trop minutieux. Décrire, ce n'est pas entasser tous les détails, quelque vrais qu'ils puissent être, mais choisir les plus saillants et leur donner un développement convenable. ·

Quant aux ornements, il n'en est aucun qui relève plus la description que le *contraste*; le mélange d'ombre et de lumière, dans un même tableau, détache les objets et en rehausse l'éclat.

Il y a beaucoup de sortes de descriptions; nous distinguerons seulement le *tableau*, la *topographie*, le *portrait*, et le *parallèle*.

Le *tableau* est une description courte, mais animée. Les couleurs du tableau doivent être si vives et si vraies, les traits si naturels, qu'on n'entende plus, qu'on ne lise plus, mais qu'on voie.

La *topographie* peint le lieu de la scène : un temple, un palais, un paysage, une ruine, etc.

Le *portrait* est l'image d'une personne; il est *physique*, quand il retrace la figure d'une personne; *moral*, quand il peint le caractère, les mœurs d'une personne ou de toute une classe de personnes; *allégorique*, quand il décrit des êtres purement imaginaires.

Le *parallèle* examine les ressemblances et les différences qu'il y a entre deux personnes ou deux choses.

QUESTIONNAIRE.

1. Qu'est-ce que la *description* ?
2. Que faut-il faire pour bien décrire un objet?
3. Qu'y a-t-il à observer par rapport aux détails?
4. Quel est l'ornement qui relève le plus une description?
5. Quelles sont les principales sortes de descriptions ?
6. Qu'est-ce que le *tableau* ?
7. Qu'est-ce que la *topographie* ?
8. Qu'est-ce que le *portrait* ?
9. Quand un portrait est-il physique, moral, allégorique?
10. Qu'est-ce qu'un *parallèle* ?

I.

MODÈLE.

Pourquoi j'aime ma mère.

Pourquoi j'aime ma mère? Parce qu'elle m'a porté tout petit dans ses bras; parce qu'elle a veillé de longues nuits auprès de mon berceau; parce que ses baisers ont séché mes larmes. Ma mère! que ce nom est doux! c'est le premier mot balbutié par mes lèvres. Ma mère! vous me demandez pourquoi je l'aime : n'est-ce pas le bon Dieu qui me l'a donnée? Ma mère! c'est mon ange gardien; elle a guidé mes premiers pas, lorsque je n'étais encore qu'une frêle petite créature et que je pouvais à peine me soutenir; elle m'a endormi sur ses genoux quand je souffrais, et ses douces chansons ont calmé mes souffrances. J'aime ma mère, parce que je lui dois tout, parce que ses caresses font mon bonheur, parce qu'elle veille sans cesse sur moi pour me protéger. Sans une mère auprès de soi, je ne comprends pas la vie, et voudrais mourir si je n'avais plus la mienne!

EXERCICE D'IMITATION.

Chacun aime le lieu où il est né : pourquoi?

II.

MODÈLE.

Si j'étais fée!...

Je voudrais bien savoir ce que je ferais si j'étais fée. Eh bien! je vais profiter de l'instant où je suis seule pour me passer cette fantaisie; le silence qui règne autour de moi me permet d'y réfléchir.

Ah! que les fées devaient être heureuses de pouvoir faire toutes leurs volontés! Il n'en est pas ainsi de moi; dès que je veux faire la moindre chose, il y a toujours quelqu'un qui prend à tâche de me contrarier, en donnant pour excuse que ce que je fais n'est pas bien.

Ah! quel malheur de ne pas être fée! Si j'étais fée, je serais libre de toutes mes actions, et puis la quantité de belles choses que j'aurais, et que, n'étant pas fée, je ne pourrai jamais avoir! D'abord, j'aurais un palais tout en cristal, des diamants en profusion, des génies et des demi-fées pour me servir; et puis, quand je voudrais voyager, je monterais dans un char d'or attelé de jolies colombes. Mais ce que les fées ont de plus précieux, et que je ne manquerais pas d'avoir si j'avais leur pouvoir, c'est cette baguette magique avec laquelle elles réalisaient tous leurs désirs et exécutaient toutes leurs volontés. Je ne serais pourtant pas une méchante fée, parce que, malgré tout leur pouvoir, il leur arrive toujours malheur; d'ailleurs, c'est trop laid d'être méchante! Il est vrai que ce n'est pas toujours la faute d'une jeune fille si elle est méchante; par exemple, quand on la contrarie, il faut bien qu'elle soutienne ses droits.

Ah! vivent les fées! Que je voudrais leur ressembler! que je voudrais avoir leur puissance! Mais chut! voici qu'on vient me chercher pour réciter mes leçons : c'est ici qu'une fée me serait bien nécessaire pour me débarrasser de mon histoire et de ma géographie!

EXERCICES D'IMITATION.

1. *Si j'étais roi!...*
2. *Si j'étais riche!...*

III.

MODÈLE.

Éloge de la France.

Salut à toi, belle France, patrie des lettres, des sciences et des arts; à toi, riche contrée, qui brilles comme un diamant au milieu de tes sœurs! Que j'aime les rives majestueuses de tes fleuves promenant leurs eaux au sein de riches plaines! Il n'est pas un seul endroit de ta surface que je ne préfère à tous les autres pays. Où trouver un ciel plus bleu que celui de la Provence? des orangers plus beaux, des jardins plus magnifiques? Quel spectacle plus grand, plus sublime que celui des Alpes? quelles eaux plus salutaires que celles des Pyrénées? quels sites plus mélancoliques et plus sauvages que ceux de la Bretagne? quelles plaines plus fertiles que celles de la Loire? quels vignobles plus féconds et plus fameux que ceux de la Bourgogne et de la Champagne? quels aspects plus pittoresques que ceux du Jura? Où trouver un peuple plus hospitalier, plus spirituel, plus aimable que le tien? des villes plus belles, plus commerçantes et plus industrieuses que les tiennes?

C'est de la France que sont sortis les plus grands génies; c'est elle qui a produit les plus nobles cœurs, les plus grands courages; aussi s'élève-t-elle fière et glorieuse au milieu des nations. O France, tu as eu mon berceau, puisses-tu avoir ma tombe!

EXERCICE D'IMITATION.

Éloge des fleurs.

IV.

MODÈLE.

Mes adieux à l'année qui finit.

Adieu, année 18.., ma seizième année, toi que Dieu m'avait donnée pour le bonheur, et qui as passé triste et rapide, m'envoyant quelques rares sourires et quelques jours de soleil plus rares encore!...

Tu t'en vas, pauvre année, traînant à ta suite la longue chaîne des illusions que tu as déçues, des espérances que tu as trompées; tu fuis au bruit des malédictions de ceux qui ont souffert, des gémisse-ments de ceux à qui tu as enlevé des parents ou des amis, des plaintes de ceux qui vieillissent et qui voudraient te retenir.

Ne crains rien, je ne mêlerai point ma voix à ce déchirant concert qui retentit à ton oreille; et, quoique tu m'aies été cruelle, je te bénirai encore, car tu as laissé près de moi tous les êtres qui me sont chers. Et pourquoi te maudirais-je? Tu n'es que l'instrument d'une volonté toute-puissante. Est-ce ta faute à toi, obéissante messagère, si la saison des fleurs dure si peu, tandis que celle des neiges est si longue; si chacun des mois qui composent ta chaine amène avec lui plus d'épines que de roses, plus de douleurs que de joies? Va, pauvre année, va rejoindre en paix tes sœurs aînées qui t'attendent; ta mission est remplie. J'attends ta jeune sœur, résigné d'avance à tout ce qu'elle me réserve; mon âme est forte, et je vis sur la terre comme un oiseau prisonnier, aspirant à la liberté, à l'air pur du ciel !

EXERCICE D'IMITATION.

Mes saluts à l'année qui commence.

V.

MODÈLE,

Qu'est-ce qu'un ami (ou une amie)?

Un ami? c'est celui qui vous tend la main quand tout le monde vous repousse, qui prend votre défense quand vous êtes absent, qui trouve une consolation pour toutes vos peines, un accent de bonheur pour toutes vos joies; c'est le soutien, le compagnon de la vie; sans un ami, la vie serait vide et désenchantée.

Un ami? c'est celui qui ne vous flatte point à tout moment, mais qui sait apprécier vos qualités; il est plein d'indulgence pour vos défauts; il vous aime malgré eux; et, quoi que vous fassiez, il vous aimera toujours. Toute émotion qui pénètre votre cœur fait battre le sien; il connaît vos désirs, vos pensées, sans que vous ayez besoin de les lui révéler; un rien l'inquiète lorsqu'il s'agit de vous; sa sollicitude est continuelle, il est toujours prêt à se dévouer. Un ami, enfin, c'est ce qu'il y a au monde de plus tendre et de plus doux. Heureux, trois fois heureux celui qui possède un ami!

EXERCICES D'IMITATION.

1. *Qu'est-ce que le flatteur?*
2. *Qu'est-ce que la politesse, et en quoi consiste-t-elle?*

VI.

MODÈLE.

Adieux de Marie Stuart à la France.

Adieu! mon noble royaume, ma belle France!... C'était à moi ces vastes plaines qui se déroulent aux regards charmés, ces montagnes que j'aperçois encore dans le lointain; ce peuple si gai, si aimable, cette suite brillante qui s'éloigne, ces blanches haquenées au port majestueux, à l'allure si fière, c'était à moi... France, ma belle France, bientôt tu vas disparaître à mes yeux!... Oh! ce vaisseau m'emporte trop vite, qu'il ralentisse sa marche; je veux voir, voir quelques instants encore la terre bien-aimée que je quitte pour jamais!... Mais quoi! plus rien, rien que cet affreux vaisseau qui avance, avance toujours, et bientôt l'Écosse!... Adieu, France, mon bonheur, ma patrie adoptive, mes plus chères affections, adieu! France chérie, adieu! jamais reine ne t'aimera autant que Marie Stuart!...

EXERCICE D'IMITATION.

Adieux à ma petite ferme, qu'un créancier impitoyable m'a forcé de vendre.

VII.

MODÈLE.

Les plaisirs de l'étude.

L'étude offre à l'homme un but dont la route présente sans cesse de la variété; elle affranchit l'âme des passions dont les chimères se placent au milieu des loisirs de la vie. Tantôt, celui qui étudie saisit la solution d'un problème qui l'occupait depuis longtemps; tantôt, une beauté nouvelle le frappe dans un ouvrage inconnu; enfin, ses jours sont marqués entre eux par les différents plaisirs qu'il conquiert par sa pensée; et ce qui distingue surtout cette espèce de jouissance, c'est que l'avoir éprouvée la veille vaut la certitude de la retrouver le lendemain. L'âme puise d'ailleurs de vastes consolations dans l'étude. Il semble que notre propre destinée se perde au milieu du monde qui se découvre à nos yeux, que des réflexions qui tendent à tout généraliser portent à nous considérer nous-mêmes comme l'une des mille combinaisons de l'univers, et qu'estimant plus en nous la faculté de penser que celle de souffrir, nous donnons à l'une le droit de chasser l'autre. Sans doute, l'impression de la douleur est absolue pour celui qui l'éprouve, et chacun la ressent d'après lui seul; cependant, il est certain que l'étude de l'histoire, la connaissance de tous les malheurs qui ont été éprouvés avant nous, livre l'âme à des contemplations philosophiques dont la mélancolie est plus facile à supporter que le tourment de ses propres peines. Le joug d'une loi commune à tous ne fait pas naître ces mouvements de rage qu'un sort sans exemple exciterait. En réfléchissant sur les générations qui se succèdent au milieu des douleurs, en observant ces mondes innombrables où des milliers d'êtres partagent simultanément avec nous le bienfait ou le malheur de l'existence, l'intensité même du sentiment individuel s'affaiblit, et l'abstraction enlève l'homme à lui-même : tels sont les principaux plaisirs et les avantages que procure l'étude.

EXERCICE D'IMITATION.

La religion nous aide et nous console à toutes les époques de la vie.

VIII.

MODÈLE.

Quel est le rôle de la femme dans la famille?

C'est un rôle de courage et de dévouement. La femme a une tâche sérieuse à remplir, et lorsqu'elle sait comprendre l'importance de ses devoirs, et qu'elle se montre digne de sa mission, elle mérite l'estime et l'admiration.

Quelle noblesse de sentiments déploie chaque jour la mère de famille! qu'elle est touchante au milieu de ses enfants, dans l'intérieur de la vie domestique! Voyez-la toujours active et occupée : elle distribue dès le matin à chacun sa tâche journalière; elle commande, mais sa voix est si douce, ses ordres sont donnés si à propos, que l'on se sent heureux et fier de lui obéir.

Elle a un baume pour toutes les douleurs, une

consolation pour toutes les peines; oublieuse d'elle-
même, elle se prodigue et se multiplie; ici, elle fait
reparaître le sourire sur les lèvres de son vieux père,
elle l'entoure de ces soins caressants que réclame la
vieillesse, et qui lui ôtent sa tristesse et son aban-
don. Là, elle distribue le pain de l'aumône; la pauvre mère, l'enfant abandonné, le vieillard infirme
ont recours à elle, et toujours leur prière trouve un
écho dans son cœur.

Pieuse et tendre, elle instruit ses enfants de la
science véritable, et leur apprend à reconnaître dans
les merveilles de la nature la main de l'ouvrier su-
prême; elle attendrit leur cœur et excite leur admiration par les touchantes et merveilleuses histoires
de Moïse et de Joseph.

Intelligente et sérieuse, elle aide son mari de ses
conseils, qui lui sont souvent utiles; sa douce gaité
le distrait de ses graves occupations; il oublie ses
ennuis lorsqu'il est près d'elle, lorsqu'il se retrouve
au milieu de ses enfants doux et bons, parce que
leur mère a su diriger les premiers élans de leur
jeune âme.

Qui oserait ne pas respecter l'auguste mère de famille, cet ange consolateur du foyer domestique?
Elle a dit adieu depuis longtemps aux lectures fri-
voles, aux exigences de la mode, aux plaisirs du

monde, mais, simple et ferme dans sa foi, elle a fait le bonheur de ceux que Dieu lui a confiés.

EXERCICE D'IMITATION.

Quel est le rôle de la jeune fille dans la famille?

IX.

MODÈLE.

A quoi servent les montagnes?

Elles servent à entretenir et à perpétuer les différentes sources qui forment les rivières et les fleuves. Le froid qui règne éternellement sur leurs sommets, condense les vapeurs, les convertit en neige, et les ménage avec économie pour rafraîchir et désaltérer la terre pendant les ardeurs brûlantes de l'été. Leur surface attire, arrête, absorbe les nuages que les vents promènent au sein de l'atmosphère. Les espaces qui séparent leurs pointes sont comme des bassins préparés pour recevoir les brouillards épaissis, les nuées précipitées en pluies ou en neiges. Leurs entrailles sont autant de réservoirs d'où les

eaux s'échappent peu à peu, par une infinité de petites ouvertures, pour féconder nos plaines, apaiser
la soif des hommes et des animaux, former de nou-
veaux nuages par leur évaporation, et réparer les
pertes de la mer, en se portant de toutes parts dans
son sein, tantôt en petites rivières, tantôt en fleuves
immenses.

À l'avantage des sources et des fontaines que nous
procurent les montagnes, s'en joignent quantité
d'autres non moins sensibles. Elles sont la demeure
de plusieurs espèces d'animaux utiles; sur leurs
flancs croissent des arbres et un nombre infini de
plantes salutaires qu'on ne cultive pas avec le même
succès dans les plaines, ou qui n'y ont pas les mêmes
vertus.

Les montagnes mettent encore certaines contrées
à l'abri des vents froids et piquants; nous leur devons les vignes les plus exquises, et leur sein ren-
ferme les pierres les plus précieuses; elles garantis-
sent souvent des pays entiers de la fureur des mers
et des tempêtes. Posées par la nature comme des
espèces de remparts et de fortifications, elles sont
les bornes de différents États, et en défendent plusieurs contre l'invasion de l'ennemi et l'ambition
des conquérants.

Quelques montagnes, il est vrai, sont dangereuses

et formidables : les secousses et les horribles tremblements occasionnés par les volcans qu'elles renferment, répandent au loin l'incendie, la destruction et la mort ; mais ces soupiraux sont nécessaires pour prévenir les ravages plus grands encore que produiraient les matières propres à fermenter contenues dans la terre, si elles ne trouvaient point de semblables issues.

Avouons donc que tout ce qui existe, depuis le moindre grain de sable jusqu'aux plus hautes montagnes, est calculé, combiné ; tout est en harmonie ; tout est rempli d'utilité pour les créatures ; et, sur les hauteurs comme dans les lieux profonds, dans les vallons comme sur les collines, au-dessus de la terre comme dans son sein, Dieu ne cesse de se montrer un bienfaiteur libéral et magnifique.

EXERCICE D'IMITATION.

La nuit est-elle pour l'homme un bienfait du Créateur ?

X.

MODÈLE.

Les deux pôles de la vie, ou l'Enfant et le Vieillard.

Voyez l'enfant : l'innocence et le bonheur sont peints sur son visage ; sur ses lèvres s'épanouit un gracieux sourire ; ses cheveux flottent au gré des vents et de la belle nature ; son esprit ne lie que des idées agréables, n'enfante que des images gracieuses ; la vie ne se montre à lui que comme un chemin semé de fleurs ; il ne prévoit aucun des dangers et des malheurs qui l'attendent. Si quelques peines légères viennent troubler les beaux jours qui sont tissus pour lui, elles se dissipent rapidement avec les objets qui les ont fait naître, et ne laissent aucun souvenir.

Voyez maintenant le vieillard : son front est ridé, ses cheveux sont blanchis par les ans, sa main tremblante s'appuie sur un bâton ; mais il est plein de douceur et de compassion ; les maux qu'il a éprouvés, l'expérience qu'il a de la faiblesse humaine et des dangers de toute espèce qui entourent ses semblables, remplissent son cœur d'une douce charité :

il plaint et il pardonne. C'est un Dieu consolateur laissé au milieu de ses enfants pour y être une image vivante du Dieu qu'ils adorent, pour leur transmettre ses bénédictions, pour les aider de ses conseils, pour les encourager.

> Qu'il est doux, dans les jours de doute et de souffrance,
> Où l'on n'a foi qu'au vice, où l'on pleure abattu,
> D'avoir un bel enfant pour croire à l'innocence,
> Un père en cheveux blancs pour croire à la vertu!

EXERCICES D'IMITATION.

1. *La femme du monde et la mère de famille.*

2. *Les quatre âges de la vie et les quatre saisons de l'année.*

3. *L'instruction et l'éducation.*

4. *Adieu! au revoir!*

XI.

MODÈLE.

La belle femme est un bijou, la bonne femme est un trésor : laquelle préférez-vous?

La jolie femme plait aux yeux, la bonne femme

plaît au cœur. La première est une belle statue dont le cœur vide fait bientôt oublier les charmes; la seconde est un être presque divin dont les vertus répandent leurs parfums sur tout ce qui l'entoure. Sa jeunesse passée, qu'est-ce que la belle femme? un bijou que la main du temps a terni et qu'on laisse à l'écart; la bonne femme, elle aussi, vieillit; mais les ans ne font que grossir le trésor de ses vertus, car sa vie tout entière est une chaine de bonnes actions; la belle femme, devenue vieille, n'a que le triste regret de sa beauté flétrie; la bonne femme est heureuse au seul souvenir du bien qu'elle a fait. Et vous me demandez laquelle je préfère de la belle femme ou de la bonne femme! Pourquoi ne me demandez-vous pas lequel j'aime le mieux, d'un bijou ou d'un trésor?

EXERCICE D'IMITATION.

Une mère entourée de ses enfants ressemble à une fleur entourée de ses rejetons.

XII.

MODÈLE.

Quelle est la fleur que vous préférez?

La fleur que je préfère est si petite et si humble, que vous ne la connaissez peut-être pas. Elle n'a point joué un rôle dans la politique, comme la rose, la violette ou le lis; elle ne se mêle point aux parures des femmes, comme le brillant camélia; les Anglais ne la placent point dans leurs cimetières, comme le réséda au parfum si suave; elle ne demande ni serre chaude ni grands soins; mais, humble et modeste, elle est semée à profusion dans les champs; on pourrait l'appeler *étoile* de la terre, car elle projette ses blancs rayons sur la teinte uniforme de l'herbe. Elle n'a point été chantée par les poètes, et cependant son origine est toute poétique : on dit qu'elle est née des larmes de Malvina, fille de Fingal, lorsqu'elle pleurait ses petits enfants.

Vous l'avez reconnue maintenant, vous savez la fleur que je préfère : eh bien! oui, je l'avoue sans honte, c'est la pâquerette, cette blanche et douce fleur dont les premiers chrétiens paraient l'autel des catacombes. Quand je l'aperçois en me promenant dans la campagne, il me semble qu'il y a de la vie et de l'intelligence dans ces petites têtes rosées qui s'offrent de toutes parts à mes regards charmés ; mes pâquerettes s'intéressent à mes peines et à mes joies, elles ont un doux regard qui me console.

Je les aime quand, au coucher du soleil, leurs blanches corolles se referment, que leurs pétales se rapprochent, et que leurs petites têtes rosées s'inclinent courbées par le sommeil, et laissent briller à leur tour les étoiles du ciel, qui sont sans doute aussi les pâquerettes du bon Dieu.

Je les aime encore quand, toutes brillantes de rosée, elles s'éveillent aux premiers rayons du matin : je vais les voir alors, et, jeune fille et jeunes fleurs, nous causons longuement ensemble.

Enfin, je préfère les pâquerettes, parce que leur couleur est le symbole de l'innocence, et que leur seule vue me fait rêver du ciel.

EXERCICES D'IMITATION.

1. *Quel est le plus beau mois de l'année ?*

2. *Quelle est la meilleure amie d'une jeune fille (ou quel est le meilleur ami d'un jeune homme) ?*

3. *La fête religieuse que je préfère.*

XIII.

MODÈLE.

L'étude que je préfère.

L'histoire!... voilà l'étude que je préfère. Quand l'esprit pourrait-il être plus satisfait que lorsqu'il voit passer devant lui les empires qui ont étonné le monde par leur agrandissement, leur puissance et leur chute; lorsque, balayant la poussière de leur tombeau, il va chercher dans leurs ossements la cause des diverses révolutions qui les agitèrent? L'histoire m'apprend tout ce qui s'est passé sur la terre; par elle, j'assiste à la création de l'univers; et, à la vue des merveilles qui embellissent l'Éden, je pousse, avec le premier homme, un chant d'admiration et d'amour; contemplant du haut de l'arche les lieux les plus élevés du globe qui disparaissent sous les eaux, je vogue avec Noé sur le tombeau du monde. Assis avec les patriarches sous le palmier de la Mésopotamie, je vois les troupeaux venir se désaltérer à la source qui coule à mes pieds. Errant avec les enfants de Jacob sur les bords du Nil, sous la tente du désert et sur les bords du Jourdain, je leur donne avec Moïse les lois de Jéhovah, ou je fais avec eux la conquête de la Terre-Promise. M'asseyant au conseil des rois de Babylone, aux assemblées d'Athènes, parmi les éphores de Sparte et les sénateurs de Rome, je vais sonder le secret de leurs délibérations, et chercher là aussi les causes des changements qu'ont éprouvés ces divers États. Puis, lorsque ces noms fastueux ont disparu de la terre, que ces grands empires se sont couchés lentement dans le silence du tombeau, et que les Barbares du Nord se sont assis sur leurs cendres, j'en vois sortir le moyen âge avec ses hauts faits d'armes, ses preux chevaliers, ses tournois et ses errants ménestrels. A son tour, le moyen âge tombe et fait place à l'époque moderne, si féconde en découvertes ; enfin, j'arrive à notre siècle.

A ce grand et vaste tableau, mon cœur pourrait-il être insensible? Non, chaque événement l'intéresse; il voit avec mépris et indignation le vice heureux et couronné ; il plaint et honore la vertu qui gémit opprimée sous le sceptre d'un tyran. Combien de fois ne s'est-il pas attendri sur le sort du général chargé de fers, lorsqu'il vient de sauver sa patrie, et du pauvre exilé qui, banni injustement du pays qui l'a vu naître, s'en va errant parmi des peuples inconnus. Non, aucune étude, mieux que celle de l'histoire, ne saurait satisfaire mon esprit ; aucune, mieux qu'elle, ne saurait toucher mon cœur ; aussi, je la préfère à toute autre.

EXERCICE D'IMITATION.

L'histoire que je préfère.

(Choisissez entre l'Histoire sainte, l'Histoire grecque, l'Histoire romaine, l'Histoire de France, etc.

XIV.

MODÈLE.

Quelle est, dans l'histoire de France, la femme que vous préférez? (*Les reines exceptées*.)

(Parallèle.)

La femme que je préfère, dans l'histoire de France, c'est cette pauvre paysanne, cette simple et courageuse jeune fille, forte dans sa foi et dans sa mission, qui, au quinzième siècle, sauva la France, notre belle France, alors presque entièrement livrée à l'étranger, qui lui imposait son joug. Les Anglais s'avançaient tous les jours davantage, et le faible Charles VII, affublé d'un surnom dérisoire, s'endormait dans son indolence, sans courage et sans espoir; Orléans luttait encore, mais sa résistance héroïque ne pouvait durer longtemps : il allait capituler. C'est alors qu'elle parut, la jeune fille inspirée, la courageuse Jeanne d'Arc. Sa foi ardente ranima celle du peuple, qui crut en elle; son enthousiasme réchauffa le cœur du roi. Qu'elle fut grande et noble dans sa simplicité, lorsqu'elle expliqua sa mission divine à la cour de France !

A sa voix, les Anglais, repoussés, abandonnaient nos villes; ils reculaient devant elle, comme devant l'ange des armées de Dieu; elle ne tuait pas, cependant, mais elle entrait la première dans les rangs ennemis avec son étendard semé de fleurs-de-lis et d'abeilles d'or, et les ennemis vaincus fuyaient épouvantés.

La femme de l'histoire de France que je préfère, c'est bien elle, l'humble Jeanne d'Arc, la vierge adorée du peuple comme une sainte, respectée des soldats, aimée des chefs; la pauvre Jeanne, qui fut prise par les Anglais, si injustement condamnée, et qui périt sur un bûcher; la sainte fille qui sera à jamais la gloire de la France, et dont le nom vivra toujours dans le cœur de tous les habitants du pays qu'elle a sauvé!

EXERCICE D'IMITATION.

Quel est, dans l'Ancien-Testament, le personnage que vous préférez ?

XV.

MODÈLE.

La Rose naturelle et la Rose artificielle.

(Parallèle dialogué.)

Un beau soir d'été, je m'endormis sous un berceau de Roses. Le sommeil avait à peine clos mes paupières, qu'il me sembla voir une des Roses artificielles qui ornaient ma chevelure se détacher d'elle-même, et se posant fièrement devant une Rose naturelle :

« Pauvre fleur, lui dit-elle, que je plains ton sort ! Le moindre souffle t'effeuille, le moindre rayon de soleil ternit ton éclat ; le même jour te voit naître et mourir ! Moi, au contraire, j'ai des couleurs brillantes et solides tout à la fois ; ma tige est ferme, et mes feuilles sont recouvertes d'un vernis protecteur : je brave la température des soirées et des bals, et la jeune fille me place dans ses cheveux pour en rehausser l'éclat.

— Je n'envie pourtant pas ton sort, fleur présomptueuse, répliqua la Rose naturelle ; tu oublies sans doute que tu n'es qu'une pâle copie de moi-même. Tes pétales sont inodores, au lieu que mon parfum monte, comme un encens, vers le ciel ; puis tu oses me vanter ton vernis, comme si le fard valait la beauté naturelle ! Ma vie est courte, j'en conviens, mais elle est brillante. A peine suis-je éclose, que la jeune fille accourt respirer mon parfum, admirer mon vif incarnat ; et, quand je suis fanée, elle me conserve encore dans les feuillets de son livre saint. Cesse donc, petite vaniteuse, de te comparer à moi. »

La Rose naturelle avait à peine cessé de parler, qu'un génie aux blanches ailes, sortant des touffes embaumées du bosquet, et touchant du doigt la Rose artificielle :

« Va briller dans le monde, lui dit-il, dans ce monde où tout est faux et menteur comme toi ; laisse la Rose naturelle régner en souveraine aimable sur les fleurs de ce parterre. »

A ces mots, la Rose artificielle tomba sur le sol, humiliée et confuse.

Et je m'éveillai.

EXERCICES D'IMITATION.

1. *La Richesse et la Santé.*

Il s'agit de savoir laquelle contribue le plus au bonheur de l'homme ; pour cela, on personnifiera la Richesse et la Santé, qui prendront tour à tour la parole et feront valoir leurs raisons. Un troisième personnage, qu'on fera intervenir, décidera la question.

2. *Le Printemps, l'Été, l'Automne et l'Hiver se disputent le premier rang.*

CHAPITRE II.

NARRATION.

PRÉCEPTES DU GENRE.

La *Narration* est le récit d'un fait vrai ou supposé tel.

Or, tout fait se compose nécessairement de diverses circonstances qu'il faut rappeler pour le faire connaître tout entier; la personne qui veut raconter doit donc commencer par étudier sous toutes ses faces le fait qui est l'objet de son récit, pour découvrir toutes les circonstances qui s'y rattachent : cette première étude lui fait connaître les différentes parties dont sa narration doit se composer.

A ce premier travail succède la mise en ordre des parties constitutives du sujet. Quand on veut *intéresser*, on doit disposer avec art les différentes parties de son récit, réveiller l'attention par des incidents imprévus, par des réflexions et des sentiments ajoutés aux faits, de manière que la narration forme un tout sérieux ou plaisant, dont l'exposition soit claire, l'intrigue attachante, et le dénoûment naturel.

Mais, puisque la narration est un tout composé de parties, la personne qui raconte doit s'attacher à joindre entre elles ces parties, de telle manière que le passage de l'une à l'autre n'ait rien de choquant, rien de brusque, et cependant soit assez senti pour qu'elles restent distinctes; elle doit donc se familiariser avec l'art des *transitions*.

Quant au style, on consultera la convenance du sujet : il devra être *simple*, dans le récit d'un événement ordinaire ; *léger* et *gracieux*, dans celui d'un conte ou d'une anecdote plaisante et badine; *sérieux* et *grave*, s'il s'agit de raconter un fait important; *entrainant* et *pathétique*, si l'action est de nature à émouvoir.

La narration s'identifie souvent avec la description; car si l'on veut donner au récit de l'intérêt et de la couleur, il faut décrire les personnes et les choses.

C'est aux meilleurs écrivains dans tous les genres que l'on doit demander des modèles de narrations.

L'étude de leurs écrits profitera toujours beaucoup plus que les règles incomplètes ou arbitraires que l'on pourrait donner.

QUESTIONNAIRE.

1. Qu'est-ce que la *narration*?

2. Comment le narrateur parvient-il à découvrir les différentes parties dont son récit doit se composer?

3. Comment doit-il disposer ces parties?

4. Comment doit-il les joindre entre elles?

5. Qu'y a-t-il à observer par rapport au style?

6. Pourquoi la narration s'identifie-t-elle souvent avec la description?

7. Où doit-on chercher des modèles de narrations?

1

MODÈLE.

Le petit Poisson et le Pêcheur

Petit poisson deviendra grand,
Pourvu que Dieu lui prête vie;
Mais le lâcher en attendant,
Je tiens pour moi que c'est folie :
Car de le rattraper il n'est pas trop certain.

Un carpeau, qui n'était encore que fretin,

2.

Fut pris par un pêcheur au bord d'une rivière.
« Tout fait nombre, dit l'homme en voyant son butin ;
Voilà commencement de chère et de festin :
     Mettons-le en notre gibecière. »
Le pauvre carpillon lui dit en sa manière :
« Que ferez-vous de moi ? Je ne saurais fournir
     Au plus qu'une demi-bouchée.
     Laissez-moi carpe devenir :
     Je serai par vous repêchée ;
Quelque gros partisan m'achètera bien cher :
     Au lieu qu'il vous en faut chercher
     Peut-être encor cent de ma taille
Pour faire un plat : quel plat ! croyez-moi, rien qui vaille.
— Rien qui vaille ! Eh bien ! soit, repartit le pêcheur :
Poisson, mon bel ami, qui faites le prêcheur,
Vous irez dans la poêle ; et vous avez beau dire,
     Dès ce soir on vous fera frire. »

Un *tiens* vaut, ce dit-on, mieux que deux *tu l'auras* :
     L'un est sûr, l'autre ne l'est pas.

LA FONTAINE.

EXERCICE D'IMITATION.

L'Épervier et le Rossignol.

Substituez l'Épervier au Pêcheur, le Rossignol au petit Poisson ;
puis, faites tenir à chacun de vos personnages un langage analogue à celui de la fable qui vous sert de modèle ; à la fin, déduisez un sens moral.

II.

MODÈLE.

L'Huître et les Plaideurs.

Un jour deux pèlerins sur le sable rencontrent
Une huître que le flot y venait d'apporter :
Ils l'avalent des yeux, du doigt ils se la montrent ;
A l'égard de la dent il fallut contester.
L'un se baissait déjà pour ramasser la proie ;
L'autre le pousse et dit : « Il est bon de savoir
   Qui de nous en aura la joie :
Celui qui le premier a pu l'apercevoir
En sera le gobeur ; l'autre le verra faire.
   — Si par là l'on juge l'affaire,
Reprit son compagnon, j'ai l'œil bon, Dieu merci.
   — Je ne l'ai pas mauvais aussi,
Dit l'autre, et je l'ai vue avant vous, sur ma vie.
— Hé bien ! vous l'avez vue, et moi je l'ai sentie. »

   Pendant ce bel incident,
Perrin Dandin arrive : ils le prennent pour juge.
Perrin, fort gravement, ouvre l'huître, et la gruge,
   Nos deux messieurs le regardant.
Ce repas fait, il dit d'un ton de président :
« Tenez, la cour vous donne à chacun une écaille
Sans dépens ; et qu'en paix chacun chez soi s'en aille. »

Mettez ce qu'il en coûte à plaider aujourd'hui ;

Comptez ce qu'il en reste à beaucoup de familles :
Vous verrez que Perrin tire l'argent à lui,
Et ne laisse aux plaideurs que le sac et les quilles.

LA FONTAINE.

EXERCICE D'IMITATION.

La Noix et les Enfants.

Mettez en scène deux enfants sur le point de se battre pour une noix qu'ils viennent de trouver ; faites ensuite intervenir un passant qui s'adjugera l'amande, et donnera une coquille à chacun. Déduisez le sens moral de cette petite fable.

III.

MODÈLE.

L'Enfant et le Miroir.

Un enfant élevé dans un pauvre village
Revint chez ses parents, et fut surpris d'y voir
    Un miroir.
    D'abord il aima son image ;
Et puis, par un travers bien digne d'un enfant,
    Et même d'un être plus grand,
    Il veut outrager ce qu'il aime,
Lui fait une grimace et le miroir la rend.
    Alors son dépit est extrême ;

Il lui **montre** un poing menaçant,
    Il se voit menacé de même.
Notre marmot fâché s'en vient, en frémissant,
    Battre cette image insolente :
Il se fait mal aux mains. Sa colère en augmente ;
    Et furieux, au désespoir,
    Le voilà, devant ce miroir,
    Criant, pleurant, frappant la glace.
Sa mère, qui survient, le console, l'embrasse,
    Tarit ses pleurs, et doucement lui dit :
N'as-tu pas commencé par faire la grimace
A ce méchant enfant qui cause ton dépit ?
— Oui. — Regarde à présent : tu souris, il sourit ;
Tu tends vers lui les bras, il te les tend de même ;
Tu n'es plus en colère, il ne se fâche plus :
De la société tu vois ici l'emblème ;
    Le bien, le mal, nous sont rendus.

FLORIAN.

EXERCICE D'IMITATION.

L'Enfant et l'Écho.

Mettez en scène un enfant jouant dans un jardin... Sa surprise d'entendre ses dernières paroles répétées et de ne voir personne... Il croit qu'un camarade... Colère... menaces... Arrivée de sa mère qui lui explique, etc. Moralité.

IV.

MODÈLE.

Le Chêne et le Roseau.

Le Chêne un jour dit au Roseau :
« Vous avez bien sujet d'accuser la nature ;
Un roitelet pour vous est un pesant fardeau :
    Le moindre vent qui d'aventure
    Fait rider la face de l'eau,
    Vous oblige à baisser la tête ;
Cependant que mon front au Caucase pareil,
Non content d'arrêter les rayons du soleil,
    Brave l'effort de la tempête.
Tout vous est aquilon, tout me semble zéphyr.
Encore si vous naissiez à l'abri du feuillage
    Dont je couvre le voisinage,
    Vous n'auriez pas tant à souffrir ;
    Je vous défendrais de l'orage :
    Mais vous naissez le plus souvent
Sur les humides bords des royaumes du vent.
La nature envers vous me semble bien injuste.
— Votre compassion, lui répondit l'arbuste,
Part d'un bon naturel ; mais quittez ce souci :
    Les vents me sont moins qu'à vous redoutables ;
Je plie et ne romps pas. Vous avez jusqu'ici,
    Contre leurs coups épouvantables,
    Résisté sans courber le dos ;
Mais attendons la fin. » Comme il disait ces mots,

> Du bout de l'horizon accourt avec furie
>   Le plus terrible des enfants
> Que le Nord eût portés jusque-là dans ses flancs.
>   L'arbre tient bon, le roseau plie.
>   Le vent redouble ses efforts,
>   Et fait si bien qu'il déracine
> Celui de qui la tête au ciel était voisine,
> Et dont les pieds touchaient à l'empire des morts.

LA FONTAINE.

EXERCICE D'IMITATION.

La Rose et la Violette.

Substituez la Rose au Chêne, la Violette au Roseau ; puis, faites tenir à chacun de vos personnages un langage analogue à celui qui se trouve dans la fable qui vous sert de modèle ; à la fin, déduisez un sens moral. N'oubliez pas que le langage de la Rose doit respirer l'orgueil et la présomption ; celui de la Violette, la modestie.

V.

MODÈLE.

Voyage autour de la classe.

Comment ! seule dans la classe ! première arrivée, moi presque toujours retardataire ! quel miracle !...

Que vais-je faire? étudier? mais j'aurai bien le temps toute la journée de pâlir sur mes livres; jouer? mais c'est ennuyeux de jouer seule; eh bien! faisons le tour de notre domaine, promenons-nous, et examinons.

D'abord, voici la *porte,* dont l'aspect nous fait éprouver deux sensations si différentes : l'une triste et pénible, quand nous entrons; l'autre de gaîté et de folle joie, quand nous sortons pour aller passer au jardin les courts instants de la récréation.

Saluons maintenant le *Christ* blanc éternellement cloué sur sa croix noire, image révérée dont la seule vue doit alléger nos peines et modérer nos joies; j'aime cette modeste branche de buis qui s'incline au-dessus de la tête du Christ, et semble compatir à ses souffrances!

Que d'objets se présentent à mes yeux, depuis les *bancs* jusqu'au tableau noir : pauvres bancs de bois, si doux quand nous sommes sérieusement à l'étude et aux explications de notre bonne maîtresse, si durs, quand nous subissons une punition pendant que nos compagnes jouent! Puis, voici les *tables,* ces tables que mouillent souvent nos larmes d'élèves, sur lesquelles s'allongent nos bras paresseux et s'étalent nos cahiers, nos livres d'histoire, receptacle de science aussi ennuyeux qu'indigeste.

Comment oublierais-je cette immense *carte de géographie* qui se pavane dans toute son étendue sur la muraille, carte sur laquelle nous avons tant de fois voyagé, non pas comme nos imaginations enfantines rêvent les voyages, mais comme les font faire les professeurs en nommant les places fortes, les faits historiques, et mille autres choses aussi détestables : décidément, je n'aime pas cette grande carte si peu modeste.

A la bonne heure, toi, ma chère fenêtre, je t'aime et te salue! Tes vitres claires et brillantes m'ont permis plus d'une fois, pendant nos fatigants exercices, de jeter un regard furtif sur le grand jardin; grâce à toi, j'apercevais les fleurs et suivais des yeux les légers oiseaux qui sautillaient gaiment, comme pour m'inviter à aller les rejoindre.

J'aime aussi ce vieux *poêle*, auquel la main parcimonieuse qui le dirige ne donne souvent pour tout aliment que quelques maigres bûches! Combien de fois, au risque de me faire punir, n'ai-je pas, avec mes cahiers déchirés, ranimé ta flamme mourante!

J'allais oublier le *bureau de notre maîtresse*, ce bureau témoin de tant de chagrins d'enfants, confident de tant de fautes avouées, de tant de pardons généreux et de tant de punitions méritées! Voici la *plume*, cette plume révérée qui fait les bons bulletins, et qui, l'inconséquente! donne aussi les mauvaises notes!

Maintenant que j'ai tout vu, je crois, allons nous asseoir; mais il me semble que j'entends comme un murmure; c'est sans doute ce respectable *tableau noir* qui réclame; il a certainement bien raison, lui qui est initié à toutes nos leçons, qui a souffert sur sa face lisse et noire tant de barbarismes et de fautes de français; c'est un bon et patient serviteur, et ce serait mal de l'oublier : tableau noir, je te salue!

Mais voici les élèves qui arrivent et viennent s'asseoir silencieusement à leur place, voici la maîtresse : vite à l'étude!

EXERCICES D'IMITATION.

1. *Voyage dans l'intérieur d'une église.*

2. *Voyage en bateau à vapeur de Dunkerque à Bordeaux.*

VI.

MODÈLE.

Trait de dévoûment de deux nègres.

C'était en avril 1819, aux jours variables du printemps; il était nuit, le ciel était serein, la mer calme; et la goëlette *les Six-Sœurs*, partie récemment des Seychelles, voguait rapidement vers l'île de France. Vingt-huit personnes étaient à bord du bâtiment; tout semblait leur promettre une heureuse traversée; l'air était frais et pur; le chant des matelots se mariait doucement au bruit des vagues; et le capitaine Hodoul, tranquillement assis auprès de madame Malfit, une des passagères du bâtiment, devisait du pays natal.

Tout à coup, à quelques pas d'eux, un cri de terreur est parti du milieu des ombres; une flamme brillante a jailli. Le feu, par une imprudence inexplicable, vient de prendre à la goëlette, et l'incendie se propage avec une effrayante rapidité.

Tout ce que l'énergie humaine a de plus actif et de plus puissant est mis en œuvre, à l'instant même, pour combattre l'affreux danger. Hélas! inutiles efforts! le vent vient de s'élever, l'horizon s'est obscurci, l'embrasement s'étend vainqueur. La flamme monte, grossit, serpente, glisse, roule, et bientôt un cercle de feu enveloppe le bâtiment : il brûle, il s'enfonce, il n'est plus.

Un petit canot échappé aux ravages de l'incendie, a offert un dernier moyen de salut à l'équipage ; les passagers s'y sont précipités en désordre, ils s'y sont entassés pêle-mêle. O nouveau désespoir! ils s'aperçoivent que dans leur embarcation, trop petite pour les contenir tous, il ne reste plus assez de place au pilote pour agir et les arracher au naufrage, s'il s'élève la moindre tempête, et déjà les flots mugissent, et déjà gronde le tonnerre.

C'en est fait ; la barque trop pleine, qu'un seul bras ne peut diriger, va disparaître sous les vagues. Le capitaine et ses marins délibèrent à la hâte sur le parti à prendre. Quelques victimes sont nécessaires au salut général ; il faut débarrasser l'embarcation des individus qui la surchargent : deux périront pour commencer ; puis, s'il en faut d'autres, on verra. Mais qui sacrifier? qui choisir? Deux nègres esclaves prodiguent les soins les plus touchants à madame Malfit, leur maîtresse, qui, mourante au fond du canot, tend les bras à son enfant, qu'une nourrice allaite près d'elle. Les regards du capitaine et des matelots se portent sur les deux figures noires : le choix des victimes est fait.

Mais comment jeter impunément à la mer ces vigoureux enfants du Sénégal, dont le corps pesant et la force athlétique opposeront une vigoureuse résistance à des volontés homicides? Point de doute, ils se débattront, et une pareille lutte, au milieu d'un frêle bateau que le moindre mouvement peut submerger, ne tarderait pas à le livrer aux abîmes de l'onde. L'orage redouble de violence; il n'y a pas de moments à perdre; une nouvelle décision est prise. Hodoul, le sang glacé dans les veines, se couvre le visage de ses mains : « *Les femmes et l'enfant périront.* »

Un nègre a entendu la sentence : il s'appuie sur l'épaule de son frère de couleur, et échange à voix basse avec lui quelques paroles vives et brèves ; puis, s'adressant à madame Malfit : « Lui et moi, dit-il, faire place. Maîtresse à nous revoir patrie. »

Il se tourne ensuite vers le capitaine, et continue d'un ton solennel :

« Jure à nous de sauver maîtresse! et nous, tout de suite... à la mer!

— « Oh! répond le chef attendri, je le jure, et devant Dieu lui-même...

— « Pauvre petit! nous t'embrasser! s'écrient

avec transport les deux nègres, en pressant de leurs
noirs visages la blanche figure de l'enfant, dont la
mère fond en larmes. Adieu! petit maître, à là-
haut! »

Et du doigt ils montrent le ciel. Puis, aux longs
éclats de la foudre, tous deux s'élancent dans les
flots, tous deux roulent au fond des gouffres!

Prodige inespéré! il ne faudra plus de victimes:
ce sublime dévoûment a désarmé la colère céleste.

Le vent tombe, l'orage fuit... L'embarcation est
sauvée.

EXERCICE D'IMITATION.

Un beau trait d'amour maternel (Inventez.)

———

VII.

MODÈLE.

**Un simple toit de roseaux couvre souvent plus de
bonheur que le lambris doré d'un palais.**

(Pensée développée au moyen d'un fait historique.)

A douze lieues de Bordeaux, au milieu des dunes

et des marais, se trouve la petite ville de la Tête-de-Buch, dont les habitants se livrent à la pêche dans le bassin d'Arcachon. Là, se voient encore les ruines d'un château qui appartint au seigneur de Buch, fameux dans les troubles de la Guienne, sous le nom de Captal.

Un jour, un pêcheur promenait sa barque au milieu des eaux d'un étang sur les bords duquel s'élevait le château gothique du captal. Il faisait nuit; les reflets de la lune éclairaient les créneaux et les noires tourelles du castel; le pêcheur avait jeté son filet, et un brandon, allumé à dessein à la proue de son canot, attirait dans le piège les imprudents habitants de l'onde. Assis sur le banc de sa barque, qu'il laissait dériver au gré d'une bise légère, il considérait avec admiration le vaste édifice dont les formes antiques se dessinaient majestueusement au milieu des ombres.

Le mouvement et le bruit qu'on entendait dans l'intérieur de l'édifice, le son monotone du beffroi, le cri de la sentinelle qui se promenait à pas lents sur le donjon, le bruit du pont-levis qui s'abaissait pour laisser passer des hommes d'armes, excitèrent sur son âme une impression mêlée de respect et de terreur.

Puis, venant à réfléchir à la puissance du maître

de cette forteresse, à ses nombreux vassaux, à ses vastes possessions, il sentit un mouvement d'ambition se glisser dans son esprit. « Heureux captal, dit-il; combien la fortune, ingrate envers moi, a été prodigue pour toi! Les biens, les grandeurs, les jouissances du luxe, elle t'a donné tout; pour toi coulent dans des vases d'or les vins les plus exquis de la Guienne; pour toi, le pêcheur va jeter ses filets jusque sur les côtes des Orcades; pour toi, le chasseur tend ses rêts et poursuit, à travers nos landes et nos bruyères, le lièvre et le faon timide. Et moi, pauvre pêcheur, voué dès mon enfance au travail et à la misère, je vois mes jours s'écouler dans une triste obscurité. Pourquoi le pauvre Escabrilla n'est-il pas le captal de Buch? »

A peine Escabrilla venait-il de former ce souhait, qu'il voit une barque se détacher du rivage; elle se dirige vers la sienne. Bientôt un rayon de la lune lui fait découvrir deux hommes d'armes; il veut s'éloigner. « Arrête, pêcheur! » lui crie d'une voix forte l'un de ces hommes. Escabrilla obéit. « Laisse là ta barque et tes filets, lui dit en l'abordant celui qui lui avait déjà adressé la parole, et viens avec nous; ne crains rien, il s'agit de rendre un service qui te sera payé généreusement. »

Le pêcheur passe dans la barque, qui retourne

vers le rivage d'où elle était partie. On aborde; Escabrilla et ses deux compagnons se dirigent vers le fort.

Le pont-levis s'abaisse, et tous trois sont introduits. Une grande confusion régnait dans l'intérieur du château : des domestiques, des hommes d'armes marchaient dans tous les sens; la crainte, l'anxiété étaient peintes sur tous les visages.

Le pêcheur traverse plusieurs appartements superbement décorés; il admire le luxe des armoiries, la richesse des tapisseries et des meubles. On l'introduit enfin dans une vaste salle; le captal de Buch lui-même et son épouse s'offrent à sa vue. Escabrilla porte sur les nobles personnages un regard où la curiosité est tempérée par le respect; il admire l'or et les fourrures précieuses qui décorent leurs vêtements; mais, à travers l'air de grandeur et de dignité du captal, il remarque avec surprise l'inquiétude et l'abattement; son épouse elle-même paraît en proie au chagrin le plus violent, et des larmes, coulant sur ses joues, tombent sur l'hermine qui couvre son sein... « Les grands ont donc aussi des douleurs! » se dit Escabrilla.

Le captal ne lui laissa pas le temps de continuer ses réflexions philosophiques. « Pêcheur, lui dit-il, j'attends de toi un service : tu connais sans doute toutes les passes qui conduisent de l'étang d'Arcachon à la mer? — Je puis me flatter, monseigneur, de les connaître aussi bien que défunt mon père, et... — Il suffit. Tu vois cette bourse pleine d'or : tu peux la gagner. Un canot est préparé, j'y monte avec toi, et tu me conduiras jusqu'à la mer. » Pendant que le captal parlait, le bruit du cor se fit entendre. La pâleur de la mort couvrit soudain le visage de la jeune épouse. « Ce sont eux, s'écria-t-elle douloureusement. Fuis, cher Lorédan. » Le captal se leva, tourna vers la jeune femme des regards où se peignait une douleur profonde et concentrée. « O séparation cruelle! ô mon Yseult, je ne te reverrai plus!... Et toi, mon fils, dois-je te quitter pour toujours? »

En même temps, il prend son fils dans ses bras, et le mouille de ses pleurs...

Le pêcheur était témoin de cette scène déchirante; il sentit une larme au bord de sa paupière. « Allons! partons, » dit le captal, en s'arrachant avec effort des bras de son épouse. Il passe avec le pêcheur dans une chambre voisine, dépouille les riches vêtements qui le couvraient, et se revêt des habits d'un matelot. Toujours suivi du pêcheur, il traverse ensuite de longs corridors, descend plusieurs marches, et tous deux se trouvent sur le seuil d'une poterne.

Un homme d'armes, qui se trouvait là, en ouvre la porte, et le pêcheur aperçoit un canot dans lequel il monte avec le captal.

La barque s'engage au milieu des lagunes. La nuit était très-obscure; le captal, enveloppé dans son manteau, était assis à l'arrière de la barque, plongé dans une rêverie douloureuse, qu'interrompaient seulement des soupirs étouffés et le bruit de l'aviron. Cependant la barque approche de la mer : « Qu'aperçois-je dans l'obscurité? dit Escabrilla; n'est-ce pas un canot qui se dirige vers nous? » Le captal leva la tête : « Courage, pêcheur, s'écria-t-il, je suis sauvé! » A peine le canot se fut-il approché de la barque, que le fugitif s'y élança : « Adieu, dit-il au pêcheur, voici ta récompense; peut-être en des temps plus heureux pourrai-je mieux reconnaître ton service. » Et le canot s'éloigna.

« Voilà donc, dit le pêcheur en reprenant son aviron, et en tournant la proue de sa barque, voilà donc l'homme dont j'enviais le sort; il fuit son pays, il abandonne son épouse, son fils, pour s'exiler sur une terre étrangère : insensé! je désirais les honneurs et les titres! Ah! si tel est l'apanage de ce bien superbe, s'il faut sacrifier ses affections, si ce n'est qu'à ce prix qu'on peut jouer un rôle brillant sur la scène du monde, Escabrilla y renonce. »

Le jour commençait à poindre quand le pêcheur rentra dans sa cabane. Son épouse l'attendait. Joyeuse de le revoir, elle le pressa dans ses bras; ses enfants sautèrent à son cou et lui firent mille caresses... « Ah! s'écria le pêcheur enivré de plaisir, restons, restons Escabrilla : *Un simple toit de roseaux couvre souvent plus de bonheur que le lambris doré d'un palais!...* »

Il était curieux de connaître la cause de la fuite mystérieuse du captal : il l'apprit le jour même, en voyant flotter le drapeau blanc sur les tours du château. Le seigneur, qui tenait pour les Anglais, désespérant de pouvoir défendre la place contre les troupes de Charles V, s'était soustrait par la fuite à la mort à laquelle il était condamné comme rebelle.

EXERCICE D'IMITATION.

Une bonne action ne reste jamais sans récompense.

Pensée à développer au moyen d'une histoire qu'on inventera. — Choisir de préférence un fait historique.

VIII.

MODÈLE.

Une Épingle raconte son histoire.

« O mes sœurs les épingles, que j'étais fine, droite, brillante et pointue, quand je sortis des mains de l'ouvrier à qui je dois l'existence ! Aussi, je l'avoue, la coquetterie fut ma première pensée : une goutte d'eau tomba près de moi ; je me regardai dans ce petit miroir en miniature. Eblouie de ma beauté, comme un nouveau Narcisse, je voyais mon avenir couleur de rose. Mon imagination me représentait servant à attacher la décoration d'un guerrier, d'un savant ou d'un artiste. Mais, pendant que je faisais ces beaux rêves, mon maître, cet ouvrier à qui je devais l'existence, me plaçait tout simplement, ô déception amère, chez un prosaïque mercier. Adieu mes douces illusions, mes charmantes espérances ! Je fus enfouie dans une boîte avec mes sœurs infortunées. Pauvre petite innocente, je connaissais déjà les tourments d'un cachot ! Pas un rayon de soleil, pas un joyeux rire ne venait me rendre la gaité ; mais j'avais pour moi ma jeunesse et l'espérance, les deux bons génies qui veillaient à mon bonheur. Je m'ennuyais et je souffrais dans cette prison. O vous, chères petites épingles, qui ne connaissez que les coupes dorées et les pelotes élégantes, vous ne pouvez comprendre mes angoisses!

Un jour, le jour le plus aimable du calendrier, jour de joie inattendue, une main ouvrit les portes de ma prison. Je la bénis de tout mon cœur, je me la représentais blanche et gracieuse, cette angélique main qui me rendait le bonheur; mais, hélas! les anges terrestres sont souvent bien laids! cette main rude et grossière n'était autre que celle... du mercier.

Une jeune femme à l'air vif et enjoué, à la mise simple, à la figure fraîche et piquante, demandait à voir une boîte d'épingles. Elle choisit celle qui me renfermait, et ce mercier, que je venais de bénir, trafiqua de ma destinée; il me vendit, l'infâme! il prenait Paris pour le centre de l'Afrique : il faisait la traite des épingles. Ma nouvelle maîtresse referma la porte de ma prison, qui se rouvrit bientôt chez elle. J'appartenais à une couturière; j'étais au milieu d'un atelier.

Mes sœurs et moi, toutes habitantes de cette boîte maudite, nous fûmes reçues avec joie par les gentilles ouvrières. Nous allions leur être si utiles! On me cajola dans ce charmant atelier ; on me faisait passer de main en main ; c'était à qui me possèderait. Je servais à Blanche pour préparer une robe, à Rose pour disposer un patron, à Marguerite pour attacher son ouvrage. Que de folies, que d'espiègleries, que de chansonnettes ! car les ouvrières étaient gaies comme des pinsons, et travailleuses comme des abeilles... qui craignent de se fatiguer. Quelle douce existence je menais au milieu du velours et de la soie, des dentelles et des éclats de rire ! Un jour que j'admirais un délicieux corsage que l'on venait de préparer, je fus tirée de ma contemplation par ma maîtresse, qui me prit avec quelques-unes de mes sœurs, pour aller essayer ce petit chef-d'œuvre de l'aiguille. Après avoir traversé bien des rues que je ne connaissais pas, — j'étais si jeune ! — ma maîtresse, cent fois poussée, coudoyée, heurtée, effrayée, presque écrasée par les passants, les paniers, les chiens et les voitures, arrive enfin avec moi chez son impatiente pratique.

Imaginez-vous, épingles de ma connaissance, une jeune et jolie femme de vingt ans à peine, qui nous reçoit le sourire sur les lèvres. Une vieille épingle, qui était près de moi, et qui avait beaucoup d'expérience, me dit que c'était parce que nous venions lui essayer une robe de bal. Ne me parlez pas de l'humanité féminine, elle n'aime que la toilette : nous valons bien mieux qu'elle. La couturière, après s'être servie de moi pour attacher le corsage, eut la cruauté de me laisser tomber.

Je bénis mille fois la jeune femme, qui avait fait mettre un tapis dans son boudoir ; sans cela, la secousse eût été rude, et j'aurais pu me briser la tête ; mais, grâce à cet officieux tapis, je perdis seulement connaissance. Quand je revins à moi, la couturière était partie. J'étais seule avec la jeune élégante. Mais j'étais si brillante, et ma tête était si gracieuse, que ma nouvelle maîtresse me remarqua ; elle me ramassa, et me mit dans une jolie coupe de porcelaine peinte. C'était un bien bel appartement pour moi. Au bout de quelques jours de bonheur, pendant lesquels je ne vis que des épingles du grand monde, toutes fort distinguées, bien entendu, je sortis de mon appartement pour aider ma charmante maîtresse à sa toilette. J'attachai un nœud de ruban à son corsage de bal ; et, femme de chambre désintéressée, je ne réclamai jamais mes gages. Nous voici donc toutes deux au milieu d'une réunion brillante : fleurs, rubans, gaze, diamants, dentelles, formaient un élégant chaos. J'étais tout étourdie du bruit de l'orchestre, la valse me faisait tourner la tête ; mais j'étais bien heureuse, lorsqu'une épingle dorée, qui attachait la cravate d'un danseur, venait m'inviter, ainsi que ma maîtresse, pour la première polka. Je regardais avec dédain les pauvres petites épingles de ma connaissance qui, reléguées sur une vilaine toilette ou sur une laide personne, bâillaient d'ennui, et, de rage, piquaient leur maîtresse. Mais hélas! heure fatale, trois heures du matin sonnèrent. Je partis toute fatiguée, et, en rentrant chez elle, la jeune femme, ne songeant qu'à la belle fête qu'elle venait de quitter, m'oublia et me laissa traîner sur un meuble. Le lendemain matin, la cuisinière, qui venait ce jour-là par extraordinaire aider le domestique à faire les appartements, me saisit brusquement pour attacher son fichu de couleur, puis elle m'emporta... dans sa cuisine!

O jolies épingles, que seriez-vous devenues à ma place? Quel changement de situation! de maîtresse je devins servante!! Mon élégante coupé, où étais-tu? Hélas! je ne te voyais plus que dans mon souvenir; je n'apercevais plus que bien rarement les traits fins et délicats de ma gracieuse maîtresse. Je n'entendais plus que la grosse voix de la grosse fille qui grommelait toute la journée. Que je la détestais! Tout à coup il me vint une idée lumineuse: je me souvins que la nature a donné à chacun de quoi se défendre: le chien a ses dents, la chèvre a ses cornes, la rose a ses épines, et l'épinglé a... sa pointe. Je me mis bravement à l'œuvre ; je piquai avec vigueur mon insupportable maîtresse ; mais, hélas ! cette main, habituée aux rudes travaux, était devenue insensible : il eût presque fallu Durandale, l'épée de Roland, pour lui chatouiller l'épiderme. C'en est fait ! il faut vivre dans la cuisine, ce palais de la sauce, ce boudoir des entremets. J'aurais de bon cœur cédé ma place à quelque gastronome.

Un beau jour, mon cordon-bleu changea de maîtres. Malheureusement elle ne m'oublia pas, et nous voilà toutes deux entrant en service chez un avocat général, homme excellent, mais profondément ennuyeux. « Jeanne, dit-il un jour à sa cuisinière, vite une épingle pour attacher mon rabat. » Et Jeanne me donna sans aucun regret ; car, apprenez-le, pauvres petites épingles, jamais, dans le cours de ma vie, personne ne s'intéressa à mon sort ; je ne trouvai que froideur et indifférence ! Quand je n'étais plus utile, on m'abandonnait. O vous qui avez le cœur sensible, laissez couler une larme pour la pauvre infortunée !

Cependant, je me consolai promptement, et je partis pour l'audience. Je faillis mourir d'ennui pendant la route : l'avocat général, qui faisait les choses en conscience, déclama son discours pendant tout le

trajet. Et ce discours était long !… Comme il n'en
était encore qu'à l'exorde, je brûlais du désir de lui
dire à chaque instant, comme dans les *Plaideurs :*

« Ah ! passons au déluge. »

Enfin, après une heure de marche et de déclama-
tion, nous arrivons au palais. Je frissonnai de peur
en me voyant au milieu de tous ces accusés : voleurs,
malfaiteurs, faussaires, assassins… Jugez en quelle
compagnie je me trouvais là, moi qui n'avais jamais
fait de mal, excepté quelques petites égratignures,
ce qui ne m'aurait probablement pas fait traduire
en cour d'assises.

Pendant les débats interminables, je bâillai à ma
manière, je fis des signes d'intelligence à mes sœurs
qui se trouvaient là ; l'ennui finit par m'endormir.

Enfin la séance est levée, et nous voilà dehors.
Tout à coup, à l'angle d'une rue, nous apercevons
un pauvre homme qui paraît accablé par la souf-
france. Mon maître, aussi empressé de secourir la
misère que de punir le crime, s'approche, et voit
une large blessure que le malheureux ouvrier venait
de se faire à la main droite, le soutien de sa famille.
La main droite blessée, c'était pour lui le travail de
moins, et, par conséquent, le pain et la vie de moins

aussi. L'avocat général fit alors plus que saint Martin : il ne donna pas la moitié de son manteau, mais son mouchoir tout entier, dont il enveloppa la main du pauvre homme, et, me prenant aussitôt, il attacha ce bandage, improvisé par une douce charité. Puis, après avoir donné quelques secours à l'ouvrier, il partit, se dérobant aux témoignages de sa reconnaissance. Je me trouvai encore plus heureuse qu'au bal et que dans ma coupe dorée ; car, dans ces instants de bonheur, j'avais pour moi la danse, la gaîté, le luxe ; mais actuellement j'étais utile, je faisais le bien : aussi ma joie fut-elle bien plus grande. J'attachais autrefois un nœud à une robe de bal, j'avais été une épingle du monde ; maintenant j'attachais un bandage, j'étais une épingle sœur de charité. Chaque fois que l'ouvrier disait avec bonheur : « Je me sens beaucoup mieux, » ou bien que sa femme, toute contente, s'approchait de lui en disant : « Ta blessure va bientôt se fermer, tu pourras encore gagner le pain de chaque jour, » ces paroles étaient pour moi de la reconnaissance. Aussi préférais-je mon sort à celui de toutes les épingles dorées qui rattachent un magnifique cachemire ou une voilette en point d'Angleterre. J'avais perdu ma charmante jeunesse, ce ravissant trésor : je retrouvais la charité, trésor beaucoup plus précieux. Je remplis dignement ma

sainte mission d'épingle garde-malade; je me dé-
vouai tout entière au pauvre blessé; aussi, les veilles
continuelles et les soins de tous les instants ne tar-
dèrent pas à m'affaiblir. Et puis, je commençais à
devenir vieille; j'avais perdu depuis longtemps l'éclat
de la jeunesse : la tâche qui me fut confiée d'attacher des cataplasmes acheva de ruiner ma santé. Je
devins terne et rouillée; à force de dévoûment,
j'étais tombée malade.

C'était un matin du mois de décembre; la petite
famille était toute joyeuse, car la blessure de l'ouvrier venait d'être cicatrisée. L'aisance allait re-
venir en même temps que le travail. La pauvre
femme, tout heureuse, d'une main enlève délica-
tement le bandage; de l'autre, ô ingratitude
humaine! pour payer mes services, mon dévoûment et ma charité, elle me saisit, moi qui avais
vieilli si vite, et qui étais devenue laide en soignant
son mari, et l'ingrate, la cruelle, l'infâme!... me
jeta dans le feu.»

Cette pauvre épingle, qui m'a confié l'histoire que
je viens de vous raconter, est digne en tous points de
l'estime générale. Vous avez pu le voir, elle fut toujours honnête et mourut en martyre : elle donna sa
vie pour secourir l'humanité. La Jeanne d'Arc des

épingles périt sur le bûcher qu'avait allumé l'ouvrière.

Une personne qui se rappelait l'épitaphe de Sylla, écrivit ainsi celle de mon héroïne :

> Nul n'aida tant ses amis,
> Nul ne piqua tant ses ennemis (1).

EXERCICES D'IMITATION.

1. Un ancien écu raconte lui-même son histoire.

2. Un chardonneret raconte les six premiers mois de sa vie, qu'il a passés dans un pensionnat de jeunes filles (ou de garçons).

(1) Cette charmante composition est due à la plume de mademoiselle *Bertile Ségalas,* une de nos meilleures élèves. Il est des familles privilégiées du Ciel : l'esprit et la grâce y sont héréditaires.

CHAPITRE III.

DISCOURS.

PRÉCEPTES DU GENRE.

On entend par *discours* les paroles qu'on met dans la bouche d'une personne pour louer ou blâmer, conseiller ou dissuader, accuser ou défendre.

Tout discours est, par conséquent, le développement d'une *proposition ;* or, la proposition se développe à l'aide d'une série de raisonnements et de moyens qui tendent tous vers un même but. Celui qui prépare un discours doit donc étudier attentivement son sujet, pour en découvrir les *divisions* principales et les *subdivisions.*

A ce premier travail succède la *disposition.* Pour convaincre, il faut distribuer ses moyens dans un ordre gradué, de telle sorte que ces moyens tirent de leur place un nouveau degré de force, et que l'un ajoute toujours à l'effet produit par le précédent.

Mais puisque le discours est un tout composé de parties, il faut que ces parties soient liées, unies

entre elles : les *transitions* devront donc être obser-
vées habilement.

Quant au style, la personne qui parle devra ac-
commoder son langage à l'objet de son discours, aux
circonstances dans lesquelles elle se trouve, au caractère et à la position des personnes qui l'écoutent.

QUESTIONNAIRE.

1. Qu'est-ce qu'un *discours* ?
2. De quoi le discours est-il le développement?
3. Comment se développe une proposition ?
4. Que doit faire, par conséquent, celui qui prépare un discours?
5. Dans quel ordre doit-il disposer les parties constitutives de son discours ?
6. Comment ces parties doivent-elles être unies entre elles?
7. Quant au style, à quelles considérations doit céder celui qui parle?

I.

MODÈLE.

La reine d'Angleterre, Philippine de Hainaut, demande à Édouard III, son mari, la grâce des six Calaisiens.

« Cher Sire, je ne vous ai point demandé de grâce depuis que, pour vous suivre, j'ai passé la mer : ne me refusez-pas celle que je requiers humblement aujourd'hui de votre justice. Grâce, cher Sire, grâce pour ces nobles hommes dont le seul crime est de s'être dévoués pour sauver leurs concitoyens. Votre cœur est trop généreux, ô mon roi, pour punir de mort une belle action; voyez-les calmes et dignes devant vous, et pourtant ils sont sans armes et entièrement à votre merci; mais leur grande âme ne s'abaisse point à la prière. Ah! je serais fière d'être leur reine! Vous ne voudrez pas que la postérité dise qu'Édouard a souillé ses lauriers de Crécy du sang de six généreux Calaisiens!...

Mais si toutes ces considérations ne peuvent apaiser votre ressentiment et calmer votre courroux, jetez un regard sur la reine d'Angleterre, sur votre femme, humblement prosternée à vos pieds, et vous demandant, au nom de votre amour pour elle, la grâce d'Eustache de Saint-Pierre et de ses nobles compagnons. »

EXERCICES D'IMITATION.

1. Ruben supplie ses frères de ne pas faire périr Joseph.

2. Naboth à Jézabel : il refuse de lui vendre son petit patrimoine.

3. Un vieux chat à son jeune fils.

(Il lui donne des conseils.)

II.

MODÈLE.

Véturie presse son fils Coriolan d'éloigner les Volsques des murs de Rome.

« Tu ne peux, mon fils, refuser la proposition équitable que je viens te faire, à moins que tu ne veuilles préférer une vengeance cruelle et opiniâtre aux larmes de ta mère ? Songe que ta réponse va décider de ma gloire et même de ma vie. Si je remporte à Rome l'espérance d'une paix prochaine, si je rentre avec l'assurance de ta réconciliation, avec quels transports de joie ne serai-je pas reçue? Le peu de jours qui me restent encore à passer sur la terre seront environnés de gloire et d'honneurs; mais que deviendrai-je si tu persistes dans cette haine implacable dont nous n'avons que trop ressenti les effets?... Nos colonies chassées par tes armes de la plupart des villes qui reconnaissaient l'empire de Rome; tes soldats furieux répandus dans la campagne, et portant le fer et le feu de tous côtés, ne devraient-ils pas avoir assouvi ta vengeance? As-tu bien eu le courage de venir piller cette terre qui t'a vu naître, et qui t'a nourri si longtemps? De si loin que tu as pu apercevoir Rome, ne t'est-il pas venu dans l'esprit que tes Dieux, ta maison, ta femme et tes enfants étaient renfermés dans ses murailles? Crois-tu que, couverte de la honte d'un refus injurieux, j'attende paisiblement que tes armes aient décidé de notre destinée? Une femme romaine sait mourir quand il le faut; et, si je ne puis te fléchir, apprends que j'ai résolu de me donner la mort en ta présence; tu n'iras à Rome qu'en passant sur le corps de celle qui t'a donné la vie; et si un spectacle aussi funeste n'est pas capable d'arrêter ta fureur, songe au moins qu'en voulant mettre Rome aux fers, ta femme et tes enfants ne peuvent éviter une prompte mort ou une longue servitude.

Pourquoi ne me réponds-tu point, mon fils? Méconnais-tu ta mère? As-tu oublié les soins que j'ai pris de ton enfance? Et toi qui ne fais la guerre que pour te venger de l'ingratitude de tes concitoyens, peux-tu, sans te noircir du même crime que tu veux punir, refuser la première grâce que je t'aie jamais demandée? Si j'exigeais que tu trahisses les Volsques, qui t'ont reçu si généreusement, tu aurais un juste motif de rejeter une pareille proposition; mais Véturie est incapable de proposer rien de lâche à son fils, et ta gloire m'est encore plus chère que ma propre vie. Je demande seulement que tu éloignes tes troupes des murailles de Rome; accorde-nous une trève d'un an, ce temps nous suffira pour faire une paix solide. Je t'en conjure, mon fils, par le Dieu tout-puissant qui préside au Capitole, par les mânes de ton père et de tes ancêtres. Si mes prières et mes larmes ne peuvent te fléchir, vois à tes pieds ta mère qui te demande le salut de sa patrie. »

EXERCICE D'IMITATION.

Un vieil officier, serviteur dévoué, cherche à détourner le connétable de Bourbon, son maître, du dessein qu'il a de passer sous les drapeaux de Charles-Quint.

CHAPITRE IV.

LETTRES.

PRÉCEPTES DU GENRE.

Une *lettre* est une conversation par écrit entre personnes absentes.

De là cette règle générale qu'on doit écrire comme on parle, pourvu toutefois qu'on parle bien. On doit même mieux parler dans une lettre que dans la conversation, parce qu'on a le temps de choisir ses idées et ses expressions, et de leur donner un tour agréable. Il faut cependant ne jamais s'écarter du naturel et éviter avec soin les expressions trop pompeuses, les tournures recherchées et tout ce qui sent la contrainte et le travail.

Le caractère, l'âge, la qualité de la personne qui écrit et de celle à qui la lettre est adressée, les rapports si variés qui peuvent exister entre elles, le sujet dont on s'entretient, le temps, le lieu, et mille autres circonstances, exigent dans le style des nuances à l'infini : aussi peut-on employer dans une lettre tous les mots, toutes les expressions, toutes les locutions imaginables, pourvu qu'on se fasse entendre sans choquer l'oreille, le goût et le bon sens.

Voilà tout ce que nous dirons du style épistolaire, persuadé que nous sommes que la lecture des bons écrivains en ce genre profitera toujours beaucoup plus que les règles incomplètes ou arbitraires que nous pourrions donner.

Nous ne parlerons pas non plus des *convenances* et du *cérémonial* des lettres, ces accessoires que le goût, l'usage et la bonne société apprendront mieux que nous ne pourrions le faire.

DES DIFFÉRENTES SORTES DE LETTRES.

Les sujets que les lettres embrassent sont aussi variés que ceux de la conversation elle-même, comme *souhaits, reproches, excuses, affaires,* etc.; elles peuvent même avoir pour objet des *descriptions,* des *dissertations,* des *sujets de morale, d'histoire,* etc., etc.

LETTRES DE SOUHAITS.

Les *lettres de souhaits* sont de deux sortes : les premières pour les *fêtes*, les secondes pour *le premier jour de l'an*.

Les lettres de souhaits pour *fête* demandent, entre amis ou égaux, une gaité agréable et franche : on doit se réjouir avec ceux que l'on fête ; mais quand on écrit à quelqu'un au-dessus de soi, il faut faire dominer le respect.

Quant aux *lettres de bonne année,* que votre cœur et non votre esprit vous dicte les sentiments que vous exprimez : c'est du cœur que viennent les bonnes pensées. Aimez, et vous apprendrez facilement à le dire.

LETTRES DE FÉLICITATION.

On apprend avec joie, et l'on partage avec bonheur tout ce qui peut arriver d'agréable à quelqu'un qu'on aime. On doit se faire alors un devoir de lui en marquer sa satisfaction et de l'en féliciter ; c'est le but que l'on se propose dans les *lettres* que l'on appelle, à cause de cela, *de félicitation*.

Dans ces sortes de lettres, il suffit d'exprimer avec simplicité les sentiments que l'on éprouve : un ami reçoit toujours avec plaisir des paroles sorties du cœur, et préfère une effusion simple et vraie à des compliments étudiés.

S'il est question d'emploi, de dignité accordée à la personne à qui l'on adresse des félicitations, on donne à entendre, — dit un auteur, — que ce n'est qu'un acte de justice...; que le mérite a su se faire jour...; on a l'air de féliciter la place qui sera si bien remplie, plutôt que la personne qui l'obtient. Ces pensées donnent de l'à-propos et un peu d'enjouement à une lettre de félicitation, et lui ôtent la fadeur des compliments qu'elle pourrait avoir.

La longueur est un grand défaut dans ces sortes de lettres : il est à supposer que vous n'êtes pas le seul à faire votre compliment; il faut, par conséquent, laisser le loisir d'écouter les compliments des autres.

LETTRES DE CONDOLÉANCE.

Dans les *lettres de condoléance,* on se borne, pour l'ordinaire, à témoigner simplement la part que l'on prend à la perte qui y donne occasion. Quelques réflexions religieuses n'y sont jamais déplacées : la grande idée de Dieu anéantit, en quelque sorte, tout ce qui nous paraît si important dans la vie, et nous permet d'espérer que notre séparation d'avec celui que nous pleurons ne sera pas éternelle. On peut louer la personne qui est le sujet des larmes, quand on écrit à quelqu'un qui la chérissait ; mais, en général, ces matières demandent beaucoup de délicatesse, et il vaut peut-être mieux se tenir en deçà que d'aller imprudemment trop loin.

LETTRES DE DEMANDE.

Dans les *lettres de demande,* le moyen le plus sûr et le plus honnête, est d'exposer loyalement l'objet de sa demande, de l'exprimer avec modestie, quoique sans bassesse, et de louer finement les qualités de la personne qu'on veut intéresser en sa faveur.

4

Entre amis, on peut se borner à exposer simplement le fait, surtout si la chose dont il s'agit est difficile à accorder.

LETTRES DE REMERCÎMENT.

Ne recevez jamais un service d'une personne, sans lui adresser une lettre de remercîment : la reconnaissance est la mémoire du cœur. Avez-vous à reconnaître même un léger service : dites qu'il était d'une grande importance, et que vous ne l'oublierez jamais. Remerciez-vous pour un autre : faites sentir la joie qu'a éprouvée celui qui a été obligé, tout ce dont il se croit redevable, et témoignez en même temps votre propre satisfaction. Dites que vous êtes touché de la bonne volonté et de l'empressement qu'a mis la personne qui vous a obligé, et protestez que vous lui êtes vivement attaché, et que vous saisirez avec plaisir toutes les occasions de lui en témoigner votre reconnaissance.

Mettez dans ces sortes de lettres beaucoup de sensibilité : c'est le cœur plutôt que l'esprit qui doit y parler.

LETTRES DE RECOMMANDATION.

Les *lettres de recommandation* sont fondées sur cette loi : « Nous devons tous nous aider mutuellement. » Par ces sortes de lettres, nous réclamons pour un autre la protection dont un homme plus ou moins puissant nous honore, ou l'affection qu'un ami nous a vouée. Elles doivent contenir l'objet de la demande et l'éloge prudent de la personne recommandée : c'est justifier les sentiments qu'on a pour cette personne, afin de lui concilier ceux des autres.

La politesse veut qu'on remette non cachetée la lettre à la personne recommandée, afin qu'elle voie tout le bien qu'on dit d'elle.

LETTRES D'AMITIÉ.

Les *lettres d'amitié* sont celles dans lesquelles on épanche son cœur avec un père, un ami, un camarade, ou toute autre personne aimée. Le principal mérite de ces sortes de lettres est l'effusion franche et sincère des sentiments qu'on éprouve; rien ne doit y sentir la contrainte. Là, tous les sujets, tous les tons vous sont permis; ceux qui doivent vous lire se prêteront à tout; sitôt qu'ils auront reconnu sur l'adresse la main qui l'a tracée, ils seront disposés d'avance à tout applaudir. Ne craignez pas d'être long; les lettres de ceux qu'on aime paraissent toujours trop courtes. Vous auriez tort cependant de trop compter sur l'indulgence de vos lecteurs et d'abuser de votre amitié. Ils s'acquittent de leur devoir en renonçant à la critique; mais le vôtre est de songer à leur faire plaisir; et plus ils sont indulgents à votre égard, plus vous devez être sévère envers vous-même; ne faites pas, en un mot, comme ces gens qui écrivent des lettres qui ne valent pas la modique rétribution qu'il faut payer pour les recevoir.

LETTRES DE CONSEIL.

Les *lettres de conseil* sont faciles, quand il s'agit d'un père qui s'adresse par devoir à son fils pour le guider, ou bien d'un frère aîné à son jeune frère, et, en général, d'un supérieur à son inférieur; mais, dans tous les autres cas, elles demandent beaucoup de réserve et de prudence. Il faut se montrer bien pénétré du conseil que l'on donne, et en faire ressortir tous les avantages, enfin prendre bien garde de blesser l'amour-propre. Il est encore de la plus grande importance de dire simplement ce que l'on pense : le conseil en est toujours mieux accueilli.

LETTRES DE REPROCHES.

Les *lettres de reproches* demandent beaucoup de prudence et de modération : si on se laissait aller à toute la vivacité de son caractère ou de son ressentiment, on pourrait souvent aigrir, sans espoir de retour, les personnes dont on a à se plaindre. Réfléchissez donc beaucoup avant d'écrire une lettre de reproches, et quand vous croirez devoir en adresser, assurez-vous bien auparavant des faits dont il s'agit.

Il est un autre genre de reproches où la prudence n'est pas aussi nécessaire : ce sont ceux que l'on adresse à un ami qui paraît un peu nous oublier, qui ne donne point de ses nouvelles ou qui craint de nous importuner. Il faut ici de la grâce, de l'enjoûment, et une légère teinte de sensibilité. Les vérités qu'on se permet dans ce cas doivent être dites en badinant, et comme par une douce raillerie; elles font alors plaisir à ceux qui les reçoivent, et les corrigent quelquefois.

LETTRES D'EXCUSES.

Dans les *lettres d'excuses*, faites franchement l'aveu de vos torts : c'est la plus belle excuse que vous puissiez donner. Montrez-vous disposé à réparer le passé.

LETTRES DE JUSTIFICATION.

Dans une *lettre de justification*, débutez d'une manière noble et assurée; montrez combien vous êtes indigné d'avoir été injustement accusé, et attachez-vous à faire éclater sur tous les points votre innocence.

LETTRES D'ADIEU.

Les *lettres d'adieu* sont celles qu'on écrit à un parent ou à un ami qu'on va quitter. La matière de ces lettres est tout entière dans les regrets de l'absence, dans le souvenir des plaisirs goûtés, dans l'espérance de se voir réunis de nouveau, et quelquefois aussi dans le désir d'entretenir une correspondance suivie; enfin on y exprime, s'il y a lieu, les sentiments de sa reconnaissance.

LETTRES D'AFFAIRES.

Dans les *lettres d'affaires*, allez droit au fait; indiquez nettement et avec ordre vos pensées, sans préambule, sans développements inutiles, l'esprit est un luxe dont il faut savoir se passer : le bon sens suffit.

LETTRES DE MORALE ET D'HISTOIRE.

Les *lettres de morale, d'histoire*, etc., sont très-propres à donner de l'essor à l'imagination des élèves, et à exercer leur jugement. La justesse des pensées, la noblesse des sentiments et le choix des expressions en sont le principal caractère.

Quant aux lettres d'histoire, leur première qualité est la vérité. Une lettre de ce genre n'est bonne qu'autant qu'elle est vraie, comme un tableau n'a de prix qu'autant qu'il représente fidèlement la nature.

Il faut donc se montrer exact dans l'exposé des faits, citer avec soin le temps et les lieux, et conserver à ses personnages la physionomie que l'histoire leur a donnée.

LETTRES MIXTES.

Les *lettres mixtes* sont celles qui contiennent à la fois des conseils, des félicitations, des excuses, etc. Pour ces sortes de lettres, faites un alinéa chaque fois que vous changez de sujet, et conformez-vous aux préceptes que nous avons donnés pour chaque genre en particulier.

LETTRES DE RÉPONSE.

Les *lettres de réponse* doivent être généralement courtes, et analogues, soit pour le fond, soit pour la forme, aux lettres qui les déterminent, puisqu'elles sont la continuation de l'entretien.

QUESTIONNAIRE.

1. Qu'est-ce qu'une *lettre* ?
2. Quelle est la règle générale à observer quand on écrit une lettre?

3. Pourquoi doit-on mieux parler dans une lettre que dans la conversation?

4. Quels sont les défauts à éviter?

5. Quelles sont les règles particulières à observer quand on écrit une lettre?

6. Quel est le meilleur moyen d'apprendre à écrire une lettre?

7. Quels sont les sujets que les lettres embrassent?

8. Quelles sont, par conséquent, les principales espèces de lettres? — Dites un mot de chacune de ces espèces.

4.

I.

MODÈLE.

A une amie qui m'a envoyé son portrait.

Ma bonne Clémentine,

Je suis ravie de ton cadeau ; l'idée que tu as eue de me donner ton portrait était si précisément ce que je souhaitais, que je t'en remercie mille fois. Combien j'ai été charmée de retrouver sur cette toile ce gracieux visage dont les beaux yeux bleus semblent me dire : « *Je t'aime !* » Le peintre a bien saisi ton fin sourire et cette épaisse chevelure que tout le monde admire. On ne saurait être plus belle, et sois persuadée que l'amitié que j'ai pour toi ne contribue en rien à ce jugement. Qu'il me soit permis cependant de te dire en passant que je regrette parfois de n'avoir à admirer que la copie, quand je voudrais si souvent être avec l'original. J'ai placé ton portrait dans ma chambre, à côté de celui de ma mère, pour avoir toujours avec moi ton image chérie. J'espère que j'irai bientôt te voir, ma bonne Clémentine ; je veux te remercier de vive voix. En attendant, je t'embrasse tendrement.

ÉLÉONORE.

EXERCICES D'IMITATION.

1. *A ma marraine, pour la remercier de la montre qu'elle m'a envoyée pour mes étrennes.*

2. *Une jeune fille remercie sa maîtresse de pension des bons soins qu'elle lui a donnés pour la préparer à sa première communion.*

II.

MODÈLE.

Zélie annonce à son amie Carolina qu'on vient de lui faire cadeau d'un bracelet.

Ma bonne Carolina,

Je sais que tu ne veux pas que j'aie un seul plaisir sans que je t'en fasse part; aussi je me hâte de t'annoncer qu'on m'a fait cadeau ce matin du plus joli bracelet qu'on puisse voir; c'est un vrai petit bijou de grâce et de coquetterie. Figure-toi un serpent aux replis tortueux, et, pour le terminer, les trois symboles de notre sainte religion, la Foi, l'Espérance et la Charité : une croix, une ancre et un cœur. Je suis enchantée, ma bonne Carolina, et tu le seras aussi quand je t'aurai montré mon charmant bracelet. Il me plait d'autant plus qu'il est presque pareil au tien, et que c'est ma marraine, que j'aime tant, qui me l'a donné.

A bientôt, Carolina, car il me tarde de te faire voir mon cadeau.

Ton amie pour toujours.

ZÉLIE.

EXERCICE D'IMITATION.

Blanche annonce à son amie Éléonore qu'on lui a donné un bel œuf de Pâques.

III.

MODÈLE.

Blanche raconte à Rose les derniers moments de leur amie Angèle.

Ma chère Rose,

J'ai la douleur de t'apprendre la mort de notre amie Angèle. Sa mère m'écrivit jeudi dernier que,

depuis quelques jours, son état avait beaucoup em-
piré, et qu'elle avait témoigné le désir de me voir.
Quand j'entrai dans sa chambre, elle fit un effort
pour se soulever, et me dit en souriant : « Ah!
Blanche, que je suis heureuse de te voir!… il y a si
longtemps que je ne t'avais vue… il y a déjà huit
jours; tes visites me font tant de bien!… Alors je
souffre avec plus de patience, continua Angèle d'une
voix presque éteinte!… Je n'ai d'autre chagrin, en
quittant la terre, que d'y laisser ma pauvre mère!.. »
Elle ne put achever : la toux la suffoquait. Sa mère
était assise au chevet du lit de son enfant, tenant une
de ses mains dans les siennes, son regard douloureusement attaché sur sa fille; elle semblait vouloir
la retenir, la disputer à la mort. Alors, ma chère
Rose, je fus témoin d'une double agonie : de celle du
juste, de l'ange, plutôt, qui quitte une terre de souf-
france, où il a été exilé quelques instants, pour re-
tourner dans sa patrie; et de l'agonie du cœur d'une
mère, qui voit la mort s'approcher, étendre son voile
lugubre sur l'objet de sa tendresse, sur son enfant
chérie, son bonheur, son tout dans ce monde; qui
entend sa respiration s'affaiblir, se ralentir, comme
une eau qui coule goutte à goutte et qui va s'arrêter.
Cette pauvre mère! qui voit le regard de sa fille chérie devenir terne, la vie s'éteindre, et qui n'ose pén-

ser que, dans peu d'instants, l'immense espace de l'éternité va la séparer de cet être tendrement aimé.

Tout à coup Angèle joignit ses mains pâles, transparentes de maigreur, et leva ses yeux vers le ciel. Son oppression augmentait; elle jeta un long regard sur sa mère et sur moi, puis elle ferma les yeux... elle venait de s'endormir sur la terre pour se réveiller au ciel!...

Voilà, ma bonne Rose, quels ont été les derniers moments de notre bien-aimée Angèle; tâche d'aller voir sa pauvre mère ou de lui écrire : elle a tant besoin de consolation!

Ton amie bien affligée.

BLANCHE.

EXERCICE D'IMITATION.

Blanche annonce à son amie la mort de son petit chardonneret.

IV.

MODÈLE.

Une dame à son amie, qui vient d'adopter une orpheline.

(Lettre de félicitation.)

Chère amie,

J'apprends avec un grand plaisir que tu viens d'adopter une petite orpheline. Pauvre enfant! sans toi, que serait-elle devenue? Tu lui serviras de mère, tu l'appelleras ta fille; elle remplacera celle que le Ciel t'avait donnée et que, hélas! il t'a si tôt reprise. Par ton affectueuse sollicitude tu lui rappelleras sa mère, sa mère qui te bénit en ce moment. N'est-il pas, d'ailleurs, consolant pour toi de penser que tu auras une fille pour entourer tes vieux jours de soins et de prévenances? Oui, mon Amélie, cette fille payera dans ce monde tes bontés par une reconnaissance sans bornes, une tendre affection et une respectueuse obéissance, et Dieu te récompensera dans l'autre.

Adieu, ma bonne amie; maintenant que tu as retrouvé une fille, tu as une personne de plus à chérir ; quant à moi, je t'aime doublement.

Reçois mes embrassements empressés.

ADELINA.

EXERCICES D'IMITATION.

1. *Un prêtre à sa jeune sœur, qui vient d'obtenir la couronne de rosière.*

2. *A un ami qui a remporté le premier prix d'harmonie au Conservatoire.*

———

V.

MODÈLE.

Une tante à sa nièce, qui lui a demandé quelle est la plus belle qualité que puisse posséder une jeune personne.

Ma chère nièce,

La qualité la plus précieuse que puisse posséder une jeune personne, ce n'est ni l'esprit qui brille, ni la beauté qui séduit, ni la gaîté qui charme : c'est la *douceur*. La douceur ! ne nous vient-elle pas du ciel ? et, lorsqu'on parle de ces beaux anges qui entourent

le trône de Dieu, ne met-on pas la douceur au rang
de leurs attributs? Quelles que soient les qualités
d'une jeune personne, elle ne peut être aimable, si
un ton brusque, des paroles de colère, des mouvements emportés lui font oublier la réserve de son
sexe. Qu'elle est belle et séduisante, la douceur! et
combien sont heureuses les jeunes personnes qui la
possèdent! La douceur, si aimable par elle-même,
est d'ailleurs toujours accompagnée d'autres qualités précieuses : elle conduit à la bienveillance, à la
modestie, à la piété, à la compassion et à l'indulgence, qui jette un voile officieux sur les défauts
d'autrui. Mais qu'ai-je besoin, ma chère nièce, de
t'entretenir si longtemps d'une qualité qui fait ton
plus bel ornement ?

Ta tante et amie.

EXERCICES D'IMITATION.

1. *A un ami qui m'a demandé quel est l'oiseau que
je préfère.*

2. *Une mère à sa fille, qui lui a demandé lequel
est préférable de l'esprit ou du cœur.*

3. *Zoé à son amie, qui lui a demandé en quoi les
poupées sont utiles aux petites filles.*

VI.

MODÈLE.

A une amie de pension, pour l'engager à venir au secours d'une ancienne compagne devenue orpheline.

Ma chère Mathilde,

Tu te rappelles sans doute Blanche D***, cette petite fille si douce et si caressante que nous avions prise en affection et que nous aimions de notre amitié de *grandes?* Oh! oui, je suis sûre que ce seul nom de Blanche a remis devant tes yeux cette figure intelligente, ces grands yeux noirs pleins d'expression, et surtout ce charmant caractère, cette franchise que nous aimions tant.

Maintenant, ma bonne Mathilde, tu te demandes sans doute où je veux en venir, et je m'empresse de répondre à ta pensée : je veux t'associer à une bonne œuvre.

Blanche, tu t'en souviens peut-être, n'avait pour toute famille que sa mère, que la mort, hélas! vient de lui enlever subitement. Tu comprends l'affreuse position de Blanche, qui, tout entière à la douleur, ne mesure pas encore toute l'étendue de la perte qu'elle a faite; la pauvre enfant est sans ressource. On dit que la providence de Dieu veille sur les orphelins, et je viens te proposer d'être avec moi la providence de Blanche; nous payerons sa pension, que sa maîtresse consent d'ailleurs à diminuer de moitié; et, lorsqu'elle aura terminé ses études, nous lui ferons apprendre un état; notre petite protégée pourra alors gagner honnêtement sa vie; et nous, nous aurons la douce satisfaction d'avoir fait une bonne action.

Réfléchis et consulte ton bon cœur; j'attends ta réponse avec impatience.

Ton amie.

Rose.

EXERCICE D'IMITATION.

Une jeune fille annonce à son amie qu'elle vient d'organiser une petite loterie au profit d'une famille pauvre, et lui demande son concours.

VII.

MODÈLE.

Noémi fait à Cécile la description de son petit jardin.

Ma chère Cécile,

Mon jardin, dont tu veux que je te fasse la description, est si petit que ma sœur, qui essaye à peine ses premiers pas, le parcourt de l'un à l'autre bout sans se fatiguer. Une haie d'aubépine l'entoure, et des volubilis aux clochettes blanches, roses et bleues, forment un rideau odorant à cette haie, qui se trouve ainsi revêtue d'une charmante verdure. Un saule au feuillage argenté le protége de son ombre, car mes fleurs sont si frêles encore que le soleil d'été les flétrirait. Mon jardin n'est qu'une faible portion de celui de ma mère dans lequel il est enfermé, comme un nid de fauvette dans un rosier. C'est moi d'ailleurs qui ai planté tous les arbustes qu'on y voit, et quoique mon jardin ait peu d'étendue, j'ai su y réunir toutes les fleurs que j'aime, et maintenant je les aime doublement, toutes simples, toutes modestes qu'elles sont, car c'est à moi qu'elles doivent leur existence, c'est moi qui verse l'eau rafraîchissante à leur tige altérée, qui les entoure de mille soins prévenants. Aussi elles sont reconnaissantes, et me prodiguent leurs parfums les plus doux ; c'est pour moi, pour moi seule, qu'elles revêtent de fraîches et harmonieuses couleurs ; c'est pour moi seule qu'elles s'épanouissent chaque matin. Je sais comprendre leur charmante affection, et c'est auprès d'elles que je passe mes heures les plus agréables ; je vais souvent rêver dans mon jardin ou conter mes ennuis à mes fleurs ; d'autres fois j'emporte un livre, et, transportée par leurs suaves parfums et par les pensées sublimes de l'auteur que j'aime, mon âme s'élève vers le ciel, et je remercie Dieu du bonheur simple et pur qu'il m'a donné.

Tel est mon petit jardin, ma chère Cécile ; tâche de venir le voir, il est maintenant dans tout l'éclat de sa beauté. En attendant, je t'envoie une pensée.

Ta cousine et amie,

Noémi.

EXERCICES D'IMITATION.

1. *Zoé décrit à sa cousine une petite chapelle que l'on a disposée à sa pension pour le mois de Marie.*

2. Eudoxie décrit à Céline une petite chambre comme elle en voudrait une.

VIII.

MODÈLE.

A un ami qui ne m'a pas écrit depuis longtemps.

Mon cher Léonce,

Comme je te gronderais de bon cœur, si je savais que cela pût te faire sortir de ta chère paresse! Tu mériterais bien que je fusse fâché contre toi : être si longtemps sans m'écrire! Je parie que tu ne sais pas combien de temps il y a que tu ne m'as donné de tes nouvelles. Eh bien! je vais te le dire : il y a deux mois, et deux très-grands même. Te voilà bien étonné, j'en suis sûr. Cherche maintenant des excuses, car il t'en faut, et de bonnes, pour ne pas me laisser croire que tu m'oublies. Ne viens pas me dire que la poste n'est pas exacte : ce sont là de vieux détours; avoue bien plutôt la franche vérité; dis que tu as été paresseux, mais que cela ne t'a pas empêché de penser à moi. Je te somme d'une réponse, quand même tu devrais t'en effrayer ; j'aurais même le droit d'exiger une ligne pour chaque jour de retard, mais j'ai pitié de toi, et je ne veux pas que mon amitié te soit à charge. Adieu, jouis d'une bonne santé et aime-moi toujours.

PAUL.

EXERCICE D'IMITATION.

Réponse à la lettre précédente.

IX.

MODÈLE.

A une jeune fille colère.

(Lettre d'une mère à sa fille.)

Ma chère fille,

Ta maîtresse de pension m'a écrit hier ; elle se plaint que la colère est toujours ton défaut dominant. Tu ne saurais croire, mon Héloïse, tout le mal que tu me fais en ne cherchant pas à te corriger. Elle m'apprend aussi que tu n'as pas d'amies, et que tes compagnes évitent même de te parler, parce que ton caractère, aigri par la colère, fait que tu ne trouves rien de ton goût ; pour un mot qui ne te plaît pas, ton front se rembrunit, et alors l'orage éclate... N'oublie pas, ma chère fille, que la colère est un des sept péchés capitaux, et peut-être le plus dangereux de tous, parce qu'il défigure à la fois l'âme et le visage. Je t'en supplie, ma chère enfant, corrige-toi de ce vilain défaut qui te ferait détester de tout le monde, et tu rendras ta mère bien heureuse.

Je t'embrasse tendrement.

EXERCICE D'IMITATION.

Un père à son fils qui a fait un mensonge.

———

X.

MODÈLE.

Louis XII à sa sœur, la duchesse de Nemours, dont le fils, Gaston de Foix, vient d'être tué à la bataille de Ravenne.

Madame,

Nous sommes vainqueurs, mais que *Dieu nous*

garde de remporter jamais de pareilles victoires! Quel désespoir pour vous, Madame, quelle perte irréparable pour le trône, quelle douleur pour tous! Gaston vient de vous être enlevé au milieu de son brillant triomphe; mais c'est une consolation, dans un pareil malheur, de penser qu'il emporte les regrets de tous ses compagnons d'armes; les ennemis mêmes n'ont pu retenir leurs larmes.

Il a été arrêté dans sa glorieuse carrière par un destin fatal; mais consolez-vous, ma bonne sœur: ce fils, l'objet de nos douleurs, n'est pas mort; il vit par ses vertus dans un monde meilleur, et parmi nous par l'éclat de ses victoires. Non, la mémoire du héros de Ravenne ne saurait périr : Gaston est immortel.

Consolez-vous donc, ma bien-aimée sœur; et, si vos larmes coulaient trop amères, songez que votre frère et roi y mêle les siennes, et que la France entière pleure avec vous.

Que Dieu, ma chère sœur, vous ait sous sa sainte garde!

LOUIS.

EXERCICE D'IMITATION.

Augustine à son amie Alicia qui vient de perdre sa petite sœur.

5

XI.

MODÈLE.

Souvenirs d'enfance.

(Lettre de Marguerite à Florestine.)

Ma bien-aimée Florestine,

Il me semble qu'il y a un siècle que nous ne sommes plus ensemble ! c'est que, loin de mes parents et de toi, ma meilleure amie, je ne saurais goûter de bonheur. Ma seule distraction, la seule trève à mon ennui, c'est le souvenir de nos jeux d'enfance. Je me figure être encore dans notre beau jardin, lorsque nous courions ensemble, effleurant à peine le sable des allées ; ou que, sur la pointe du pied, nous poursuivions quelque léger papillon. Que de parties de corde, de ballon, de volant nous avons faites ensemble ! Te rappelles-tu le grand bassin où, tous les matins, nous jetions du pain aux jolis petits poissons rouges ? la prairie où nous cueillions des marguerites et des bluets dont nous faisions de charmantes couronnes ? Et, pendant les longues soirées d'hiver, quand nos parents, assis autour de la grande table ronde, nous lisaient de belles histoires, te rappelles-tu comme nous écoutions, comme il nous tardait d'en savoir la fin ? Et, les soirs d'été, quand nos deux familles se réunissaient sous les grands arbres, et que nous récitions à haute voix la prière, te souviens-tu comme nous étions heureuses?

Je retrouve presque le bonheur de mon enfance en me souvenant de nos travaux communs. Comme nous étions contentes d'apprendre ensemble nos leçons, de faire toutes deux le même devoir! et lorsque venait la fête de nos mères, c'était à qui offrirait la plus fine broderie, la plus belle tapisserie!

Vois-tu toujours dans ton esprit le banc de gazon vert près duquel coulait une source limpide? C'est là que nous allions nous conter nos plaisirs et nos peines; c'est là que, le jour de notre première communion, nous avons planté ce rosier, où il n'y avait alors que deux roses blanches d'épanouies, qui s'inclinaient l'une vers l'autre, comme pour marquer l'amitié qui nous unissait....

Je me rappelle encore l'église du village, sa haute tour, le cadran, la cloche, dont le tintement a fait tant de fois tressaillir notre cœur, surtout le jour où, vêtues de blanc, nous nous sommes approchées pour la première fois de l'autel saint. Oh! c'était du bonheur, cela!

Tous ces souvenirs, ma bien-aimée Florestine, ont pour moi un charme inexprimable; j'aime à les effeuiller, pour ainsi dire, un à un, et je te les écris,

afin de jouir encore un instant de ces intimes cau-
series que nous aimions tant au village !

Ton amie pour la vie,

MARGUERITE.

EXERCICE D'IMITATION.

Huit jours au village où j'ai été élevée. (Cécile à Amélie.)

XII.

MODÈLE.

Les désagréments de la pension.

(Lettre de Paul à son cousin Eugène.)

Mon cher cousin,

Voilà au moins quatre lettres que je t'écris depuis
que je suis en pension ; c'est que, vois-tu, c'est là
mon plus grand plaisir, le seul soulagement permis
à mon ennui et à mes chagrins ; car on en a beaucoup,
de chagrins, en pension ! Je ne te parlerai pas de la
cloche bavarde qui vient brusquement interrompre
nos distractions ou nos idées ; mais quelle triste su-
jétion ! Pas un moment de liberté ! toujours des yeux
vigilants qui vous suivent partout : dans votre tra-

vail, dans vos jeux et jusque dans votre sommeil. Gardez-vous de rire ici ou là, dans telle ou telle occasion : le rire est un grave délit ! Chassez loin de votre esprit la pensée riante de votre bon père ou de votre cousin Eugène ; elle vous empêcherait d'écouter comme quoi *« le verbe s'accorde avec son sujet, »* et vous concevez que c'est là un crime très-punissable. — Vous avez sommeil ? Drelin ! drelin ! drelin ! « Allons, allons, debout ! » et vous vous arrachez à ce doux sommeil du matin, si frais, si reposant. Vous êtes à moitié endormi, et c'est déjà faire preuve d'un courage héroïque que de vous lever ; vous vous croyez digne d'éloges ; mais vous avez oublié de ranger votre coiffure de nuit : vite, un *mauvais point d'ordre* ! Et voilà la récompense de votre courage. Votre estomac indisposé de l'abstinence de la veille au lendemain éprouve-t-il quelques tressaillements, murmurez-vous de l'éloignement du déjeuner : vite *au pain sec !* Tu conçois comme cela vous met un estomac délicat à la raison, et comment, avec de pareils moyens, on vous fait le caractère souple et liant, doux et facile. Il y a de quoi rendre folle la meilleure tête. Eh bien ! voilà ma vie. C'est un supplice, une torture de tous les instants. Heureusement, mon petit père a fini par me comprendre : il va me retirer de pension, et je compte bien dire, demain ou après-demain, un éternel adieu à ma triste prison.

Ton cousin,

PAUL.

EXERCICE D'IMITATION.

Les agréments de la pension. (Réponse d'Eugène à Paul.)

XIII.

MODÈLE.

Aimée fait à son amie le compte-rendu de la tragédie d'Esther, qu'on a jouée à sa pension, à l'occasion de la fête de sa maîtresse.

Ma chère Léonie,

Je t'ai fait part, dans ma dernière lettre, du plaisir que nous nous faisions de jouer la tragédie d'*Esther* pour la fête de notre maîtresse. C'est hier que ce plaisir s'est réalisé, et je profite du congé qu'on nous a donné pour t'en rendre compte. Les rôles de Mardochée, d'Assuérus, d'Aman, d'Élise et de Zarès étaient remplis par Héloïse, Emma, Berthe, Estelle et Albertine.

Depuis plusieurs semaines nous nous occupions des costumes, car nous pensions bien que leur variété ferait le principal attrait de la pièce.

Hier, tous les acteurs sont arrivés à dix heures dans la salle d'habillement. Cette salle ne ressemblait pas mal à la boutique d'une marchande à la toilette : ici, des châles; là, des robes; à gauche, des babouches; à droite, des barbes. Ce mot *barbe* t'effraye peut-être, je vais t'en expliquer la présence. Nous tenions beaucoup à ce que les hommes eussent une marque distinctive, afin que l'illusion fût complète; aussi avions-nous fabriqué des barbes avec des crins de différentes couleurs. Nous avions choisi du crin blanc pour Mardochée, qui, avec cet ornement, ne ressemblait pas mal à un vieux patriarche. Son habillement était complété par un caban qu'on avait mis à l'endroit pour servir de cilice, et à l'envers pour le revêtir de la pourpre. Assuérus avait une barbe noire et un diadème magnifique. Il était enveloppé dans un long châle rouge brodé d'or, qui formait draperie. Je ne saurais mieux te le comparer qu'à un magicien. Aman avait aussi une barbe, et ce qui a fait beaucoup rire, c'est qu'elle est tombée au pied du trône d'Assuérus. Élise, vêtue tout en blanc, présidait à merveille le chœur également tout en blanc. Je ne dois pas oublier de te parler de

Zarès, qui avait un costume ravissant et qui a joué admirablement. Tu t'étonnes sans doute que je ne te parle pas d'Esther ; mais je dois te dire que, comme c'est moi qui ai rempli ce rôle, je me dispense de faire soit ma critique, soit mon éloge.

Je termine donc mon compte-rendu en te disant que tout s'est bien passé, et que nous nous sommes beaucoup amusées ; quant au plaisir que nous avons fait, d'autres de mes compagnes et de tes amies qui ont assisté à la représentation t'en rendront compte.

Ton amie sincère,

AIMÉE.

EXERCICES D'IMITATION.

1. Une dame décrit à sa sœur une soirée dansante que la maîtresse de pension de sa fille a donnée à ses élèves à l'occasion de sa fête.

2. Stéphanie écrit à Louise qu'elle a vu jouer Cendrillon, ce qui l'a beaucoup amusée.

XIV.

MODÈLE.

Une mère à sa fille, la veille de sa première communion.

Ma chère fille,

C'est demain le plus grand jour de ta vie, le jour

le plus beau! Ta joie si vive a trouvé un écho dans mon cœur, je la partage et la comprends, je l'ai éprouvée comme toi. Jamais tu ne ressentiras d'émotions plus pures, de félicités plus grandes que celles qui t'attendent demain, et que tu goûtes même dès aujourd'hui. N'oublie pas, mon enfant, qu'une bonne première communion influe sur le reste de la vie. Elle produira d'heureux effets en toi, j'en suis persuadée, car tu t'y es préparée depuis longtemps; et le soin que tu as mis à te corriger de tes défauts pour te rendre digne de recevoir ton Dieu, me répond de l'avenir. Désormais, mon Amélie, tu es une grande personne et je te regarderai comme telle. Puissent la bénédiction de ton père et la mienne ajouter à ton bonheur! Adieu, ma chère fille, je te laisse sur cette pensée pleine de douceur et d'espérance : *demain.*

Ta meilleure amie,

Ta Mère.

EXERCICE D'IMITATION.

Une mère à sa fille (ou un père à son fils), le jour anniversaire de sa première communion.

5.

XV.

MODÈLE.

Une mère fait voir à sa fille la nécessité de la religion.

Ma chère fille,

Il ne suffit pas, pour être estimable, de s'assujettir extérieurement aux bienséances : ce sont les sentiments qui forment le caractère, qui conduisent l'esprit, qui gouvernent la volonté, qui répondent de la réalité et de la durée de nos vertus. Quel sera le principe de ces sentiments? la religion. Quand elle sera gravée dans ton cœur, alors toutes les vertus découleront de cette source, tous les devoirs se rangeront chacun dans leur ordre. Nous avons tant d'intérêt à pratiquer la vertu, que nous ne devons jamais la regarder comme notre ennemie, mais comme la source du bonheur, de la gloire et de la paix.

Tu arrives dans le monde; viens-y, ma chère Amanda, avec des principes; tu ne saurais trop te fortifier contre ce qui t'attend. Apportes-y toute ta religion, nourris-la dans ton cœur par des sentiments, soutiens-la dans ton esprit par des réflexions et par des lectures convenables.

Rien n'est plus heureux et plus nécessaire que de conserver un sentiment qui nous fait aimer et espérer, qui nous donne un avenir agréable, qui accorde tous les temps, qui assure tous les devoirs, qui répond de nous à nous-mêmes, et qui est notre garant envers les autres. De quel secours la religion ne te sera-t-elle pas contre les disgrâces qui te menacent? car un certain nombre de malheurs te sont destinés. Un ancien disait qu'*il s'enveloppait de sa vertu*. Enveloppe-toi de ta religion : elle te sera d'un grand secours contre les faiblesses de la jeunesse et un asile assuré dans un âge plus avancé.

Les femmes qui n'ont nourri leur esprit que des maximes du siècle tombent dans un grand vide en avançant en âge : le monde les quitte, et leur raison leur ordonne de le quitter. A quoi se prendre? Le passé nous fournit des regrets, le présent des chagrins, et l'avenir des craintes. La religion seule calme tout, console de tout; en nous unissant à Dieu, elle nous concilie avec le monde et avec nous-mêmes.

Ta Mère et amie.

EXERCICE D'IMITATION.

Louise fait voir à son amie Camille que la moquerie est un vilain défaut dans une jeune personne.

XVI.

MODÈLE.

Un père à son fils, qui ose regarder la prière comme inutile.

(Lettre de morale.)

Mon cher enfant,

J'apprends une nouvelle qui m'afflige profondément; quoi! tu regardes la prière comme inutile! mais, quand tu as prié, ne sens-tu donc point ton cœur plus léger et ton âme plus contente? La prière, mon cher enfant, rend l'affliction moins douloureuse et la joie plus pure; elle mêle à l'une je ne sais quoi de fortifiant et de doux, et à l'autre un parfum céleste. Que fais-tu sur la terre, et n'as-tu rien à demander à celui qui t'y a mis? Quand tu regardes le ciel, ta patrie, est-ce qu'il ne se remue rien en toi? est-ce que nul désir ne te presse? ou ce désir est-il muet? Tu oses dire : « A quoi bon prier? Dieu est trop au-dessus de moi pour écouter une si chétive créature. » Et qui donc a fait cette créature si chétive? qui lui a donné le sentiment et la pensée, et la parole, si ce n'est Dieu? Et s'il a été si bon envers toi, était-ce pour te délaisser ensuite et te repousser loin de lui? En vérité, mon cher fils, dire que Dieu méprise ses œuvres, c'est blasphémer. Tu dis aussi : « A quoi bon prier Dieu? ne sait-il pas mieux que moi ce dont j'ai besoin? » — Oui, Dieu sait mieux que toi ce dont tu as besoin, et c'est pour cela qu'il veut que tu le lui demandes. Un père connaît les besoins de son fils; faut-il, à cause de cela, que ce fils n'ait jamais une parole de reconnaissance et d'actions de grâces pour son père? D'ailleurs, mon cher enfant, il y a toujours des vents brûlants qui passent sur l'âme de l'homme et la dessèchent; la prière est la rosée qui la rafraîchit. Reviens, mon cher Arthur, reviens, je t'en conjure, à de meilleurs sentiments, et écris-moi le plus tôt possible.

Ton Père et ami.

EXERCICE D'IMITATION.

A une jeune personne qui, parce qu'elle se croit riche et belle, regarde l'instruction comme inutile.

XVII.

MODÈLE.

Un soldat raconte à son père la mort de Duguesclin.

(Lettre historique.)

Mon cher père,

J'ai une bien fâcheuse nouvelle à t'apprendre : notre bon et vaillant Duguesclin n'est plus! Je ne saurais te dire la pénible sensation que sa mort a causée ici ; nous sommes tous dans une véritable consternation. Il a quitté la vie avec une résignation toute chrétienne, regrettant seulement de n'avoir pu chasser tout à fait les Anglais du royaume, et priant ses amis d'exprimer au roi Charles V toute sa reconnaissance pour les bienfaits dont il l'a comblé. Il est regretté même des Anglais de Castel-de-Randan, qu'il avait obligés à une capitulation conditionnelle.

Le jour où les assiégés devaient livrer la place étant arrivé, le gouverneur n'a voulu la rendre qu'à Duguesclin. « C'est au connétable, a-t-il dit ce matin même, que j'ai donné ma parole : c'est à lui seul que je veux la tenir. J'aurais eu honte d'ouvrir mes portes à tout autre qu'à lui ; il est juste que, tout mort qu'il est, il reçoive ce que je lui dois. »

Et il est venu déposer sur le cercueil les clefs de la ville. Ainsi le connétable, toujours victorieux, a eu, même après sa mort, l'honneur d'un triomphe.

Voilà, mon cher père, quelques détails sur la mort de ce brave capitaine, dont le souvenir restera à jamais gravé dans le cœur des Français.

Ton fils respectueux et dévoué.

RENAUD.

EXERCICE D'IMITATION.

La mort de Jeanne d'Arc. (Lettre d'un soldat français à son camarade.)

XVIII.

MODÈLE.

Clotilde à Athanagild, roi des Visigoths, son mari, qui veut la forcer d'abjurer le christianisme.

Seigneur,

Vous que naguère j'appelais mon époux, vous de qui j'attendais le bonheur de ma vie, faut-il que vous me forciez aujourd'hui de vous reprocher votre barbarie! Quel sacrifice exigez-vous de moi? Quoi! vous voulez que je sois parjure, que j'abandonne ma foi pour suivre les erreurs d'Arius! Oublieriez-vous que le sang de Clovis coule dans mes veines?

Si jusqu'ici vous avez pu espérer que votre rigueur et vos mauvais traitements pourraient me faire changer de résolution, désabusez-vous; je suis bien faible, il est vrai, contre votre pouvoir; mais en vain vous me feriez périr dans les supplices; mon cœur et ma foi seront toujours pour celui qui, d'un signe de sa toute-puissance, précipite les rois du faîte de leur gloire et réduit leur trône en poussière.

Quelle résignation ne m'a-t-il pas fallu pour supporter vos rigueurs et résister à vos violences! mais Dieu n'abandonne jamais ceux qui lui sont fidèlement attachés. Il me consolait dans mes malheurs, il prêtait l'oreille à ma voix suppliante; et mes larmes, versées dans son sanctuaire, diminuaient le poids de mon infortune et raffermissaient mon courage. O Clotilde, ma mère, combien tu fus plus heureuse que moi! combien ta piété fut plus dignement récompensée, lorsque, arrachant le bandeau de l'erreur qui couvrait les yeux de Clovis, mon père, tu lui fis connaître la sainteté de notre croyance, et lorsque ton époux, plein d'admiration pour cette loi divine et de reconnaissance pour son auteur, se déclara chrétien en présence de toute son armée, et entraîna par son exemple la plupart de ses guerriers. Quel triomphe pour la foi! quelle félicité pour celle à qui en revenait la gloire!

Mais moi, princesse infortunée, loin de pouvoir espérer un tel bonheur, à peine puis-je invoquer le ciel dans le silence de la retraite, et c'est mon époux qui me réduit à ce degré d'infortune!... Ah! si je n'ai plus de pouvoir sur votre cœur, si vous êtes sourd à mes prières, souvenez-vous que rien ne pourra me faire renoncer à ma religion; sachez d'ailleurs que je n'oublie pas que j'ai quatre frères, tous rois puissants; craignez davantage encore la justice de celui qui laisse rarement ici-bas les méchants prospérer.

CLOTILDE.

EXERCICE D'IMITATION.

A une personne qui m'a conseillé de me venger d'une injure.

XIX.

MODÈLE.

La reine Marie de Médicis demande à son fils Louis XIII la grâce d'Éléonora Galigaï, injustement condamnée à mort.

(Lettre historique.)

Mon cher fils,

Je viens d'apprendre la condamnation d'Éléonora

Galigaï, et j'en ai ressenti une profonde douleur; mais je me suis rassurée en pensant à vous; vous ne refuserez pas à votre mère la grâce qu'elle vient vous demander. Enfermée ici par suite d'une injuste appréciation de mes actes, éloignée d'un fils que j'aime tendrement, j'espère néanmoins que j'ai encore une place dans votre cœur.

Vous savez, mon fils, toute mon affection pour Éléonora; elle est ma sœur de lait, nous avons passé notre enfance ensemble; aussi, je suis sûr que vous avez appris à regret cette condamnation : les rois sont si souvent mal conseillés! mais ils se sont réservé le plus précieux des droits, celui de *faire grâce;* et ce droit les rapproche, en quelque sorte, de la Divinité elle-même. D'ailleurs, je proteste de l'innocence d'Éléonora; elle n'a pas cessé un seul instant d'être bonne et vertueuse. Pensez à la douleur de votre mère, à la seule idée des souffrances que cette malheureuse endure au fond de sa noire prison. N'est-ce pas assez pour elle d'avoir à pleurer son mari? Ah! prenez pitié, mon fils, de cette pauvre femme, et de votre mère aussi; car c'est moi qui l'ai introduite à la cour; ne me laissez pas me reprocher sa mort. Songez à la douleur de son vieux père, de sa mère, de ses enfants, qui ne pourront lui survivre. Ainsi, une mort injuste en entraînerait beaucoup d'autres avec elle, et peut-être celle de votre mère elle-même, qui, privée de sa meilleure amie, éloignée d'un fils qu'elle n'a jamais cessé de chérir, ne pourrait supporter un coup si terrible. Souvenez-vous enfin qu'Éléonora vous a vu naître ; rappelez-vous les soins et les caresses qu'elle vous a prodigués lorsque vous étiez enfant. Aujourd'hui même, du fond de sa prison, elle prie encore pour vous, car elle ne doute pas que vous êtes étranger à tous ses malheurs, et c'est vers vous seul qu'elle tourne un dernier regard.

Adieu, mon fils.

Votre mère,

MARIE DE MÉDICIS.

Blois, 1617.

EXERCICE D'IMITATION.

La reine Clotilde à ses fils Childebert et Clotaire, pour les détourner du meurtre des enfants de Clodomir.

FIN.

TABLE DES MATIÈRES.

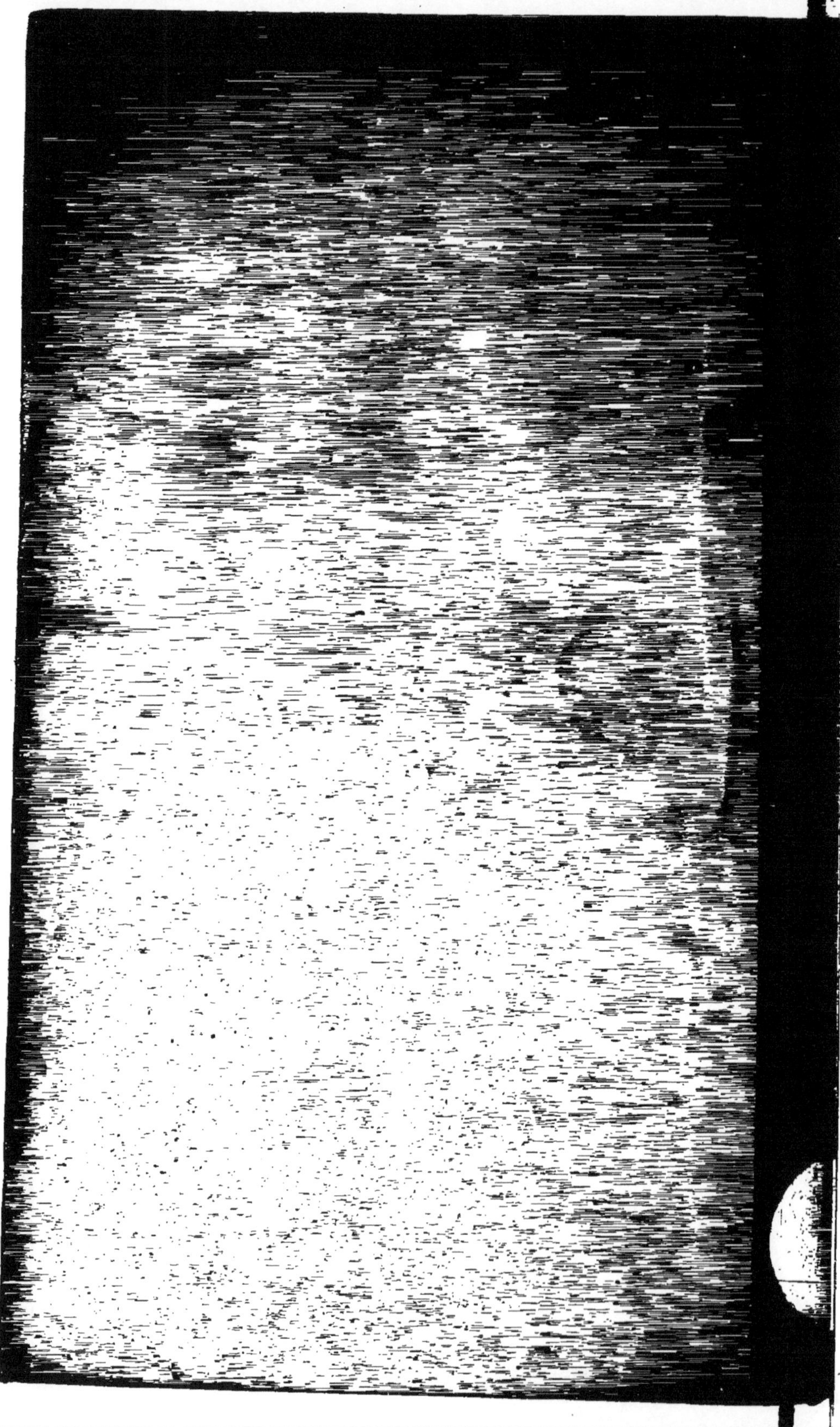